# NLP - Praxistipps für Fortgeschrittene

von Uwe Klein

# Inhaltsverzeichnis

## NLP – fortgeschrittene Techniken und aktuelle Entwicklungen

__NLP__ ist ein Bereich, bei dem es wichtig ist, nicht stehen zu bleiben. Wer mit sich selbst ins Reine kommen und seinen Körper führen können möchte, der sollte sich auch mit den fortgeschrittenen Techniken auseinandersetzen. Als kurze Erinnerung: Beim NLP geht es darum, das eigene Verhalten programmieren zu können. Der Mensch entwickelt sich weiter, daher sollte auch NLP immer weiter entwickelt werden. Nur, weil das Ankern nun in einem bestimmten Kontext funktioniert, bedeutet dies nicht, dass auf weitere Übungen verzichtet werden muss. Neueste Entwicklungen machen deutlich, dass das menschliche Gehirn noch mehr Facetten als bisher angenommen hat. Diese Facetten machen unseren Charakter und unser Wesen aus, lassen sich mit NLP aber auch programmieren. Das Neurolinguistische Programmieren ist also eine Chance, die eigene Kommunikation nachhaltig zu verbessern und an der Basis – nämlich dem Gehirn – zu arbeiten.

## E-Prime: Ein Ansatz für das klare Denken

E-Prime ist eine Bezeichnung, die beim NLP häufig in den Mund genommen wird. Gerade Einsteiger wissen nicht, was es damit auf sich hat. Das ist auch gut so, denn um mit E-Prime arbeiten zu können, ist ein gewisses Grundwissen über NLP gefragt. Wenn die ersten Grundlagen sitzen, dann kann sich der Schüler schließlich mit E-Prime auseinandersetzen. Dafür ist es aber erst einmal wichtig zu wissen, was E-Prime eigentlich genau ist. Im Prinzip handelt es sich hierbei um eine linguistischen Denkansatz. Dieser soll dafür sorgen, dass das eigene Denken und die eigene Sprache noch klarer, präziser und verständlicher gemacht werden. So fällt es leichter, dem Gegenüber die eigenen Wünsche und Bedürfnisse deutlich zu machen. Die Funktionsweise von E-Prime basiert in diesem Rahmen auf dem Ziel, alle Formen von „sein" im Wortschatz zu vermeiden. Auch Passivformulierungen werden komplett gestrichen. Das erfordert viel Disziplin und eine gute Kontrolle über das eigene Denken. Daher ist E-Prime ein Ansatz, der in erster Linie von

Fortgeschrittenen in Anspruch genommen wird.

Bereits 1950 wurde die Idee zu E-Prime geboren. David Bourland, damals noch ein unbekannter Sprachwissenschaftler und Schüler von Alfred Korzybski, hat erstmals die Methode beschrieben und ihr auch den Namen „E-Prime" gegeben. Sein Vorschlag war es, in der englischen Sprache komplett auf alle Variationen von „to be" zu verzichten und keine Passivsätze mehr zu nutzen. Für den Sprecher ist dies die Grundlage, um klare und saubere Formulierungen zu machen, die deutlich zeigen, was er tut oder wie seine Entscheidung aussieht. Neben dem Effekt, selbst deutlich klarere Worte zu finden und damit die Kommunikation zu vereinfachen, wird auch im Geist aufgeräumt, denn die Variationen von „sein" sowie die Passivkonstruktionen sollen auch im Gehirn nicht mehr zu finden sein.

Um zu verstehen, wie E-Prime wirkt, muss erst einmal verstanden werden, warum „sein" eigentlich einen eher negativen Einfluss auf die Gedanken hat. So wird „sein" als ein Wort der Beständigkeit gesehen, denn wenn jemand etwas „ist", dann ist er das nicht nur für einen

Moment, sondern den ganzen Tag, die ganze Woche oder das ganze Leben lang. Tatsächlich ist es aber immer möglich, sich zu verändern. Wer mit „sein" spricht, der sieht jedoch die Möglichkeiten für die Veränderungen nicht. Durch den Verlust dieses Wortes im Sprachschatz wird deutlich, dass alles im Fluss ist und sich stets bewegt. Das Leben und das Denken sind Prozesse, die sich lenken lassen. Aus dieser Sichtweise wird deutlich, dass nichts einfach „ist" sondern stets der Veränderung unterliegt. Schließlich sagte bereits Heraklit: „Man kann nicht mehrmals in denselben Fluss gehen". Mit diesem Satz wird deutlich, dass wir den Fluss zwar als beständig ansehen, er es aber nicht ist sondern sich immer im Wandel befindet.

E-Prime kann den Menschen helfen, sich stets daran zu erinnern, dass sich das Leben bewegt, dass es sich verändert und auch verändert werden kann. Im Alltag kann dieser Gedanke schnell untergehen. Zu viele Menschen neigen dazu, Dinge einfach als gegeben anzusehen. Wer sich immer wieder in den Kopf ruft, dass alles fließt, der kann sich auch Veränderungen anders öffnen.

Ein weiterer negativer Aspekt von „sein" ist der Fakt, dass Subjektivität hier schnell zu scheinbarer Objektivität werden kann. Wer kennt nicht den Satz: „Du bist immer zu spät". Das ist ein subjektives Empfinden aus den Momenten heraus, die man selbst mit dem Gegenüber verbringt. Vielleicht stimmt es aber nicht. Vielleicht ist die andere Person nur zufällig die letzten beiden Male zu spät gekommen oder vielleicht ist der Gegenüber ja bei anderen Terminen pünktlich. Bei der Aussage handelt es sich um ein rein subjektives Empfinden, mit dem einem Menschen jedoch ein Stempel aufgedrückt wird, der schlicht und einfach falsch ist.

NLPler, die bereits über eine längere Dauer E-Prime praktizieren, ziehen aus dieser Übung gleich mehrere Schlüsse. So stellten sie fest, dass sie gelernt haben, klarer und genauer zu denken und ihren Gedanken mehr zu folgen, sie zu fassen und auch zu verändern. Zudem wird mit E-Prime deutlich, dass die eigenen Ansichten nicht unbedingt die Ansichten von anderen Menschen sein müssen und daher veränderbar sind.

Tipp: Wer sich dafür entscheidet, E-Prime anzuwenden, der sollte hier nicht zu hart mit sich ins Gericht gehen. Dogmatik ist hier fehl am Platze, denn nicht immer erfüllt E-Prime auch die Erwartungen, die vielleicht gestellt werden. Nicht jede Situation ist für E-Prime geeignet. Mit der Zeit entwickelt sich hier allerdings ein gutes Gefühl dafür, wann es sich lohnt, „sein" einfach sein zu lassen.

## Was ist das Grundprinzip von E-Prime?

Im Prinzip geht es bei E-Prime vor allem darum, sich mehr Gedanken über die genutzten Verben zu machen. Auf diese Weise sollen die Konflikte zwischen den Menschen besser gelöst werden oder auch gar nicht erst auftreten. So werden Konflikte im NLP als etwas angesehen, das durch die falsche Sprache hervorgerufen wird. Gut erklären lässt sich dieses Prinzip in Bezug auf einige Beispiele aus der Literatur:

Shakespeares Hamlet sagte einst: „Sein oder nicht sein?" Wenn er jedoch in Form von E-Prime gedacht hätte, dann hätte er gesagt: „Leben oder nicht leben".

Spannend ist diese Umsetzung auch in Bezug zu dem berühmten Satz: „Das ist hier die Frage". Dieser Satz lässt sich in Form von E-Prime ebenfalls umstellen und würde dann beispielsweise lauten: „Das muss ich antworten".

Um E-Prime selbst zu verinnerlichen ist es wichtig, sich komplett auf sich selbst konzentrieren zu können. Eine hilfreiche Übung ist es, sich in die Stille in einen Raum zu setzen. Idealerweise sollte der Raum keine Reize aufweisen, die ablenken können. Dann geht es darum, in sich zu gehen. Die Türen zu den Gedanken sollten geöffnet werden. Hier kann es hilfreich sein, kurz zu ankern und sich von der Außenwelt ein wenig abzuschotten. Nun besteht die Übung darin, erst einmal auf die eigenen Gedanken zu hören. Wie oft kommt eine Abwandlung von „sein" mit dabei? Es ist erst einmal eine große Herausforderung darauf zu achten, hier auch wirklich jede Abwandlung zu erkennen. Das ist nicht so einfach, wie es klingt. Bei jeder erkannten Abwandlung von „sein" wird nun der Satz abgewandelt.

„Ich bin nutzlos" - Diesen oder ähnliche Sätze hat vielleicht jeder schon einmal gedacht. Vielleicht wird im Kopf auch ein „Du bist nutzlos" daraus. Dieser Satz kann jemanden stark verletzen. Daher ist es wichtig, eine andere Form zu finden. Vielleicht kann die Variante helfen: „Bei dieser Arbeit kannst du mir nicht helfen". Dieser Satz relativiert die Aussage, die erst gedacht wurde.

E-Prime ist eine große Herausforderung und daher ist es umso wichtiger, daran zu arbeiten und vor allem in sich selbst zu ruhen.

Natürlich können auch Anfänger von NLP bereits damit beginnen, das Prinzip von E-Prime für sich zu nutzen. Es erfordert jedoch viel Konzentration und wird daher gerne als eine Methode für Fortgeschrittene eingesetzt.

## Die Diamond-Technik als erweiterte Fähigkeit beim NLP

Die Diamond-Technik ist eine Möglichkeit, um eine ganz neue Sichtweise auf die Probleme zu bekommen. Ziel dabei ist es nicht, die Probleme zu lösen. Aber um einen Weg zur Problemlösung zu bekommen, müssen diese manchmal aus einer anderen Sichtweise gesehen werden. Nur so kann man den Weg vom Problem bis hin zum Ziel gehen.

Der Ausgangspunkt ist also logischerweise ein Problem. Dieses sollte möglichst keine Begrenzung haben, damit das Ziel auch wirklich erreichbar ist. Das Ziel sollte formuliert werden und dabei sollte die Formulierung durchweg positiv sein. Auch eine konkrete Formulierung kann dabei helfen, das Ziel besser zu erreichen.

Um die Diamond-Technik anwenden zu können, braucht es zwei Sätze. Ein Satz formuliert das Problem: Ich werden beim Tennis verlieren. Der zweite Satz formuliert den Sachverhalt aus einer positiven Sicht: Ich werde beim Tennis gewinnen.

Wichtig: Unterschieden wird zwischen zwei Arten der Negation. Entweder es wird aus verlieren ein „nicht verlieren" oder aus verlieren ein „gewinnen". Da das Ziel bei dieser Technik immer positiv sein soll, darf das Wort „nicht" in dem Satz nicht vorkommen. Also wird aus verlieren immer gewinnen gemacht.

Eine weitere Fragestellung in der Technik bezieht sich auf „sowohl als auch".

„Was haben das Problem und mein formuliertes Ziel gemeinsam?"

Der Satz mag erst einmal einfach klingen doch nun kommt es darauf an, in die Tiefe zu gehen. So muss der NLPler in eine ganz neue Dimension eintreten, um eine Antwort auf die Frage zu erhalten. Der NLPler muss sich von dem Problem entfernen und es aus einer anderen Sicht betrachten. So gibt es eine Zuordnung zu einem guten und einem schlechten Punkt. Doch natürlich kann es auch sein, dass sich ein Problem nicht so einfach auflösen lässt. Es entsteht also eine Lockerung im Rahmen der Fragetechnik und das Problem scheint gleich nicht mehr ganz so unlösbar zu sein.

Unterschieden wird bei der Diamond-Technik zwischen der Problemlösung und der Problemauflösung. Wer sich für die Lösung des Problems entscheidet, der geht innerhalb eines Rahmens zu seinem Ziel. Wer sich für die Auflösung entscheidet, der verlässt den Rahmen.

Das Problem kann also mit „sowohl als auch" gelöst werden. Es ist sowohl möglich, dass ich den ersten Satz beim Tennis gewinne, der Gegner aber den zweiten Satz gewinnt und damit beide als Sieger aus dem Spiel hervorgehen.

Die Betrachtung der verschiedenen Lösungsmöglichkeiten von einem Problem lässt uns das Problem selbst einfacher erkennen. Oft ist die Schwierigkeit bei der Problemlösung, sich von dem Problem zu distanzieren und auf diese Weise zur Ruhe zu kommen. Die Diamond-Technik sollte dabei ebenfalls in einem ruhigen Rahmen durchgeführt werden. Das ist nicht immer ganz einfach, denn es gibt Probleme, die uns nachhaltig beschäftigen. Wer jedoch krampfhaft versucht, hier zu einer Lösung zu gelangen, der wird nur das Gegenteil erreichen. Besser ist es, das Problem zu hinterfragen, die Antwort darauf positiv zu formulieren und in diesem Rahmen dann die Lösung zu erkennen.

Es handelt sich hierbei um eine Technik, die vor allem für Fortgeschrittene geeignet ist. Die differenzierte Betrachtung von einem Problem setzt voraus, dass man in sich ruht.

Doch woraus ergibt sich nun der Begriff der Technik? Der Diamant entsteht auf Basis von vier verschiedenen Grundsteinen. Es gibt den Satz und den Gegen-Satz. Beides steht sich gegenüber. Nun kann es eine Lösung in Form von „sowohl als" oder aber auch eine Lösung in Form von „weder noch" geben. Auf diese Weise entsteht ein Diamant.

Eine Übung: Man nehme ein Blatt Papier und schreibt als Satz das Problem auf.

1. Ich werde durch die Prüfung fallen.

Nun geht es weiter und es wird ein Gegensatz gebildet.

2. Ich werde die Prüfung schaffen.

Merke: Der Gegensatz ist positiv formuliert.

Jetzt geht es in die Tiefe und es werden sich die Fragen gestellt:

1. Was stellt weder Problem noch Lösung dar?
2. Was befindet sich jenseits von Problem und Lösung?
3. Wo liegen die Gemeinsamkeiten von Ziel und Problem?

Die Möglichkeiten, mit dieser Technik den Weg zu einer Problemlösung in Angriff zu nehmen, erhöhen sich noch zusätzlich, wenn weitere Sätze mit einbezogen werden:

1. Welche Möglichkeiten ergeben sich für mich?
2. Welche Möglichkeiten werden mir genommen?

Diese erweiterte Ebene steht in Verbindung mit der Core Transformation. Bei dieser ist es das Ziel, aus negativen Aspekten positive Punkte heraus zu arbeiten. Jedes Problem kann eine Funktion haben und aus einer ganzheitlichen Sicht eine Lösung darstellen.

Auch bei der Antwort auf die Frage, welche Möglichkeiten genommen werden, gibt es einen Bezug zu einer weiteren Technik, nämlich dem Ökologie-Check. Hier wird hinterfragt, ob ein Ziel eventuell auch negative Aspekte mit sich bringen kann.

Der Diamant wird also erweitert.

Die Zusammenfassung im Überblick. So wird vorgegangen:

1. Das Problem wird festgehalten.
2. Das Ziel wird formuliert  - wohlgeformt.
3. Die Gemeinsamkeiten werden festgelegt.
4. Es wird festgestellt, was sich jenseits von Ziel und Problem befindet.
5. Es werden die Möglichkeiten und Verhinderungen bestimmt.

Nun kommt es darauf an, das ursprüngliche Problem und das angestrebte Ziel noch einmal zu betrachten. Wenn die Diamond-Technik richtig eingesetzt wurde, dann zeigen sich nun folgende Kennzeichen:

- es eröffnen sich neue Sichtweisen auf das Problem

- das Problem wird nicht mehr als so schwerwiegend gesehen
- die eigene Flexibilität in Bezug auf die Lösung wird erhöht
- das Problem wird nicht mehr als Problem angesehen

## Übungen für die Diamond-Technik

Die Umsetzung der Diamond-Technik kann mit verschiedenen Übungen auch erst einmal probiert werden. Das ist sogar empfehlenswert, denn auf diese Weise ist es möglich, erst einmal ein Gefühl zu bekommen. Um sich mit der Technik auseinandersetzen zu können, gibt es folgende Vorschläge für die Übung:

1. Im ersten Schritt wird sich ein Problem überlegt. Dieses Problem sollte gerade am Anfang nicht zu komplex sein.
2. Nun geht es Schritt für Schritt den Diamant entlang. Es sollten dabei mehrere Diamonds gebildet werden, so dass man sich mit der Technik anfreunden kann.
3. Jetzt wird das Mission-Statement durch den Diamond geschickt. Hier ist es wichtig, seine Kreativität auch wirklich frei zu lassen. Dafür darf der Kopf nicht blockiert werden.
4. Welche Lösungen für das Problem gibt es? Ist das Problem wirklich noch ein Problem?

Mit dem Test dieser Übungen ist es möglich, sich dem Diamanten zu nähern. Gerade zu

Beginn ist es so, dass es den meisten NLPern schwer fällt, den Diamond durchzuarbeiten. Mit jeder weiteren Übung wird es leichter, sich in den Bereich einzuarbeiten. Dabei ist es jedoch wichtig, sich zu öffnen und keine äußeren Einflüsse an die eigenen Gedanken zu lassen.

## Die Core Transformation im Bereich von NLP

Es gibt immer eine Verhaltensweise, ein Gefühl oder auch Reaktionen, die einem bei sich selbst nicht gefallen. Um diesen jedoch entgegenwirken zu können, muss man die Verhaltensweisen erst einmal identifizieren. Hierfür ist die Core-Transformation geeignet. Bei dieser Übung geht es darum, sich auf den Weg in die Tiefen des eigenen Ichs zu machen. Die Core-Transformation wird genutzt, um diese ungewünschten Gefühle und Reaktionen umzuwandeln und schwerwiegende Lebensprobleme in den Griff zu bekommen. Mit diesem Prozess beginnt eine Reise, die tief hinein in uns führt und bei der sich ein nachhaltiges Vertrauen zu sich selbst bilden kann.

Es gibt fünf verschiedene Core-Zustände. Diese Zustände sind:

Das Ruhen im eigenen Sein
Der innere Frieden
Die tiefe Liebe
Das Okay-Gefühl
Eins sein mit sich selbst

Zusätzlich ist es wichtig zu wissen, was genau das Core-Selbst ist:

Wenn ein NLPler mit dem Core-Selbst lebt, dann ist dies durch verschiedene Punkte zu erkennen:

1. Man erfährt den inneren Frieden, die Liebe, die Lebendigkeit und die Ganzheit des Lebens.
2. Man ist in seinem Körper tief geerdet und komplett zentriert.
3. Man ist sich sowohl seines Körpers als auch seiner Emotionen bewusst.
4. Man kann die Welt klar wahrnehmen.
5. Man ist sich genau sicher, was man möchte.
6. Man verhält sich nach den eigenen Wertvorstellungen.
7. Man handelt zu seinem eigenen Besten und respektiert die Wünsche anderer Menschen und das, ohne sich darüber Gedanken machen zu müssen.
8. Man hat ein komplett positives Selbstgefühl.
9. Man ist sich bewusst, wer man selbst ist.
10. Man ist sich bewusst, was man selbst tut.

11. Man ist sich bewusst, was man selbst hat.
12. Man ist sich seiner Ressourcen bewusst und weiß diese zu nutzen.

Im nächsten Schritt geht es darum herauszufinden, wie sich die Core-Transformation einsetzen lässt. Für wen ist diese Art der Übung geeignet? Zuerst einmal ist es wichtig, sich die eigenen Probleme in die Gedanken zu rufen und sich diese auch einzugestehen. So ist Core-Transformation hervorragend für Menschen geeignet, die leicht ein unangenehmes Gefühl bekommen. Dieses unangenehme Gefühl kann sich auf verschiedene Bereiche beziehen. So kann es sich hierbei um Zorn oder Eifersucht, Angst oder Wut, Depressionen oder auch Verletzungen handeln. Aber auch Menschen, denen es eher schwer fällt, Emotionen überhaupt zu empfinden, können diese Übung anwenden. Hierbei handelt es sich jedoch nur um die emotionalen Bereiche. Es gibt noch mehr Bereiche, die sich für den Einsatz der Technik eignen.

Hier lohnt sich beispielsweise auch der Blick auf Suchtprobleme oder unangenehme Angewohnheiten. Bulimie oder Fettsucht gehören hier ebenso mit dazu wie das Rauchen, Trinken oder auch die Sucht nach Geschlechtsverkehr. Viele Menschen haben auch nervöse Angewohnheiten, die sie gerne ablegen möchten. Besonders häufig ist es das Kauen an den Fingernägeln, das für Ärger sorgt.

Ein interessanter Punkt bei der Core-Transformation sind auch die Beziehungen. In der heutigen Zeit haben Beziehungen einen ganz anderen Stellenwert. Dabei ist nicht nur die Rede von Beziehungen zwischen Partnern. Auch zwischenmenschliche Beziehungen sind ein wichtiger Punkt in diesem Bereich. Hier ist es wichtig, in sich zu gehen und sich selbst einige Fragen in Bezug auf Beziehungen zu anderen Menschen zu stellen. Dafür ist es wichtig, sich Zeit zu nehmen. Idealerweise nimmt man an einem ruhigen Ort Platz und greift zu einem Zettel und einem Stift. Nun werden die Antworten auf die folgenden Fragen aufgeschrieben. Die Antworten bestehen nur aus einem Ja oder einem Nein:

1. Ich fühle mich schlecht, wenn andere Dinge besser machen als ich.
2. Ich möchte immer der/die Beste sein.
3. Ich kann nicht um etwas bitten.

4. Ich mache Dinge, die ich nicht mag, nur weil andere diese auch machen.
5. Ich rede manchmal den Menschen nach dem Mund.
6. Ich achte darauf, anderen zu gefallen.
7. Ich tue auf meine Kosten Dinge für andere Menschen.
8. Ich versuche, den Beifall und die Aufmerksamkeit anderer Menschen zu bekommen.
9. Ich habe Angst, verlassen zu werden.
10. Ich kann anderen Menschen schlecht vertrauen.
11. Ich denke, nur wenige Menschen sind gute Menschen.
12. Ich möchte, dass andere positiv über mich denken.

Bereits in dem Moment, wo die erste Frage mit „Ja" beantwortet wird, ist die Core-Transformation geeignet, um hier eine Verbesserung zu erwirken.

Auch das Selbstbild ist einer der Punkte, der bei dieser Übung bearbeitet werden kann. Das Selbstbild von Personen, die mit der Core-Transformation arbeiten können, ist häufig eher negativ behaftet. Ihnen fällt es schwer, sich selbst so zu akzeptieren, wie sie sind.

Auch eine starke Kritik dem eigenen Verhalten gegenüber ist oft zu beobachten. Doch auch in die andere Richtung kann das Selbstbild verrutscht sein. Wer sich selbst für etwas Besseres hält als andere Menschen oder sich anderen Menschen gegenüber überlegen fühlt, der kann ebenfalls an seinem Selbstbild arbeiten. Oft steht auch der persönliche Wunsch nach einer Stärkung der Selbstachtung mit im Vordergrund.

Der letzte Punkt der Anzeichen, dass eine Core-Transformation helfen könnte, sind Krankheiten, die auf der Basis von Stress und unterdrückten Emotionen entstehen können. Auch Opfer, die durch sexuelle oder geistige Gewalt und Missbrauch einen langen Leidensweg hinter sich haben, können von dieser Übung profitieren.

# Die 10 Schritte der Core-Transformation

Um die Core-Transformation durchführen zu können, braucht es lediglich zehn Schritte. Diese Schritte müssen jedoch gut und sauber durchgeführt werden, damit die Übung auch funktioniert.

1. Im ersten Schritt wird erst einmal ein Teil ausgewählt, mit dem gearbeitet werden soll. Dieser Teil muss willkommen geheißen werden.
2. Nun muss die Absicht entdeckt werden. Was will ich? Diese Frage sollte offen und ehrlich beantwortet werden, da der Verlauf der Übung davon abhängig ist.
3. Es beginnt die Ergebniskette. Diese setzt sich aus mehreren Abschnitten zusammen. Es wird sich selbst gefragt: Was möchte ich, wenn ich das Ergebnis von Schritt 2 erreicht haben, weiter erreichen? Diese Frage kann so oft wie notwendig wiederholt werden.
4. Der Core-Zustand muss erreicht werden. Dies ist nun geschehen. Nun sollte sich Zeit genommen werden, um diesen Zustand genießen zu können.
5. Die Ergebniskette wird innerhalb des Zustandes nun revidiert. Der Core-

Zustand wird nun genutzt, um die Situation aus Schritt 1 aus einer anderen Sichtweise zu sehen. Spezifisch gesehen bedeutet dies: Wie kann der Core-Zustand das gewünschte Ergebnis etablieren? Diese Frage muss mit allen Ergebnissen aus Punkt 3 wiederholt werden.

6. Ein innerer Teil muss nun erwachsen werden. Wie alt bin ich? Bin ich bereit, die Vorteile in Anspruch nehmen zu können, die der Core-Zustand mir bietet? Der innere Teil muss nun zum derzeitigen Lebensalter entwickelt werden. Der Core-Zustand ist immer präsent.

7. Der erwachsen gewordene Teil muss nun in den Körper integriert werden. Er muss durch den Körper fließen, durch ihn hindurchströmen und in jede Zelle eindringen.

8. Die Ergebniskette muss nun revidiert werden.

9. Nach opponierenden Teilen Ausschau halten. Gibt es einen Teil in mir, der nicht mit dem Zustand einverstanden ist? Diese Teile müssen nun von Anfang an durch den Core-Prozess geleitet werden.

10. Die Time-Line generalisieren: Im letzten Schritt kommt es darauf an, die eigene Zeitlinie zu verfolgen. Dabei wird sich im Core-Zustand bewegt. Es geht zurück bis zur Empfängnis und von dort aus in die Gegenwart. Dabei werden die einzelnen Augenblicke und Erfahrungen transformiert. Die Generalisierung der Zeitlinie sollte mehrmals durchgeführt werden und dabei wird man immer schneller.

## Das Ausbreiten der Zeitlinie – Übungen für Fortgeschrittene

Fortgeschrittene können noch ein Stück tiefer gehen und damit beginnen, die Zeitlinie auszubreiten. Auch hierfür ist es wieder empfehlenswert, sich ausreichend zu konzentrieren, sich Zeit zu nehmen und zu entspannen. Wichtig ist es, Eins mit sich zu sein, sich selbst bewusst werden, wohin die Übung führen soll. Grundsätzlich geht es immer darum, eine Verbesserung zu erreichen. Das Ausbreiten der Zeitlinie funktioniert auf folgendem Wege:

1. Die Zeitlinie wird auf dem Boden ausgebreitet. Dabei muss der NLPler sich auf das Gefühl einlassen, die eigene Vergangenheit, Gegenwart und die Zukunft auf der Zeitlinie zu erkennen. Idealerweise wird die Zeitlinie als eine lange und gerade Linie gesehen. Sie sollte ausreichend lang sein, um viel Platz für Vergangenheit, Gegenwart und Zukunft zu haben.
2. Nun wird neben die Zeitlinie getreten. Der Ort, wo man sich hinstellen sollte, ist die Empfängnis. Körper und Kopf

werden in die Richtung ausgerichtet, die alle folgenden Ereignisse beinhaltet.

3. Zusätzlich zur eigenen Zeitlinie werden nun zwei weitere Zeitlinien vorgestellt. Das sind die Zeitlinien der Eltern. Diese laufen bei der eigenen Empfängnis direkt zusammen. Interessant zu wissen ist, wo man die Zeitlinie vom Vater und wo von der Mutter hin ausrichtet.

4. Jetzt wird auf die Zeitlinie der Eltern geschaut bis hin zu deren Empfängnis. Nun erscheinen die Großeltern. Hier wird sich nun überlegt, wie alt die Großeltern zu der Empfängnis der eigenen Eltern waren.

5. Der eigene Core-Zustand fließt in die Eltern und auch in die Großeltern hinein. Diese müssen ganz erfüllt werden.

6. Nun geht es an die Vorstellung. Es wird sich vorgestellt, wie die Eltern den Core-Zustand aufnehmen und diesen weiter an die Großeltern geben. Der Core-Zustand manifestiert sich im Laufe der Entwicklung noch zusätzlich. Diese Punkte werden mit beiden Elternteilen durchgeführt, bis diese den Core-Zustand komplett angenommen haben. Hierbei handelt es sich rein um die

Zeitlinien der Eltern, nicht um die Eltern selbst.

7. Jetzt geht es darum, in den eigenen Augenblick der Empfängnis einzutreten. An diesem Punkt muss man vollständig von den Core-Zuständen umgeben sein. Mit jeder Zellteilung verdoppeln sich die Core-Zustände. Auf diese Weise wird nach und nach die eigene Entwicklung erlebt. Die Entwicklung geht mit der Entwicklung der Core-Zustände einher. Wer sich bereit fühlt, der kann den nächsten Schritt machen und bis zur Geburt gehen. Hier kann noch mehr von den Eltern aufgenommen werden. Nach und nach geht es weiter, immer unter dem Aspekt, dass weitere Core-Zustände von Menschen aufgenommen werden, die man liebt. Das geht so weiter, bis die Gegenwart erreicht ist. Hier kann eine Pause gemacht werden. Dabei sollten die Core-Zustände aber beibehalten werden.

8. Nun geht es von der Gegenwart aus weiter bis in die Zukunft. Nach und nach geht es in die Zukunft, immer unterstützt durch die Core-Zustände, die Schritt für Schritt stärker werden.

Diese stehen immer zur Verfügung und wachsen mit.

Die genannten Vorgaben können so oft wiederholt werden, wie man sich wünscht. Auf diese Weise ist es möglich, den eigenen Core-Zustand zu vertiefen und immer tiefer gehen zu lassen.

Nun müssen die Core-Zustände nur noch verwurzelt werden. Dafür ist es notwendig, wieder zur Empfängnis zu gehen und durch die Vergangenheit noch einmal nach vorne zu streben. Dabei wird sich erinnert, wie die eigenen Eltern sich verhalten haben. Mit der Unterstützung der Core-Zustände wird die eigene Vergangenheit transformiert. Dieser Schritt muss ganz besonders schnell vollzogen werden. Auf diese Weise werden die Core-Zustände verwurzelt.

Ales in der Core-Transformation basiert auf Liebe und Sanftheit. Es ist ein ganz natürliches verhalten, das keine Gefahren birgt. So kann ein neues, ein besseres Verhalten oder Gefühl entwickelt werden.

Das Ziel der Core-Transformation ist es, sich besser zu fühlen und es zu schaffen,

Erlebnisse aus der Vergangenheit durch die Core-Zustände einfacher ertragen oder ungeliebte Eigenarten ablegen zu können.

## Die Meta-Programme beim NLP

Weitere Programme, die es sich bei NLP auf jeden Fall lohnt anzusehen, sind die Meta-Programme. Bei Meta-Programmen handelt es sich um personenspezifische Wahrnehmungsfilter. Im Prinzip handelt es sich hierbei um sogenannte Muster und Strukturen. Diese gehören zu unserem Verstand und bestimmen sowohl das Verhalten als auch das Denken. Damit können sie bestimmen, wie man selbst Informationen generalisiert, diese verzerrt oder auch löscht. Die Informationen, die an uns weitergegeben werden, erhalten wir zwar, nehmen sie jedoch jeder anders auf. Daher gibt es Menschen, die eine Information als positiv ansehen und Menschen, die eben diese Information als negativ ansehen. Die Meta-Programme sind die Basis dafür, wie eine Information angenommen wird.

Bei den Programmen handelt es sich um unbewusste Einrichtungen. Das bedeutet, der Mensch ist sich nicht darüber bewusst, dass es diese Meta-Programme gibt, die einen solchen Einfluss auf die Entscheidungen und Gedanken haben. Daher ist es nun die Aufgabe, sich die Meta-Programme bewusst zu machen. Dafür muss die eigene Aufmerksamkeit auf die Meta-Programme gerichtet werden. Die Meta-Programme haben gleich mehrere Aufgaben. Sie sind eine Grundlage für die Wahrnehmungsänderung in Hinblick auf die Welt, für die Flexibilität bei der Kommunikation aber auch für das Modellieren von verschiedenen Verhaltensmustern oder Einstellungsüberlegungen in Hinblick auf die verschiedenen Antworten. Auch für die Teambildung können Meta-Programme durchaus hilfreich sein.

## Das Aktivitäts-Metaprogramm: Arbeiten mit proaktiv und reaktiv

Mit diesem Meta-Programm ist es möglich zu erkennen, ob und wie viel an Energie von einem Menschen in seine Lebensziele investiert wird. Auch die Schnelligkeit des Handelns in verschiedenen Situationen kann durch dieses Programm festgelegt werden. Dazu wird mit einer Frage gearbeitet. Diese Frage lautet:

Wird in einer Situation schnell gehandelt oder erst einmal abgewartet?

Hier ist es wichtig, sich eine Situation vorzustellen und auf Basis dieser Situation eine Antwort auf die Frage zu finden. Dabei sollte man ehrlich antworten. Es gibt zwei verschiedene Typen von Menschen:

Die proaktiven Menschen sind besonders aktiv und wollen schnell reagieren. Sie legen viel Wert darauf, schnell zu arbeiten und möchten etwas verändern. Die proaktiven Menschen können zupacken und ergreifen besonders gern die Initiative. Fehler gehören bei diesen Menschen mit dazu und sie lernen dadurch. Menschen, die proaktiv handeln, können besonders gut und effektiv handeln.

Reaktive Menschen dagegen warten gerne ab und schauen, was passiert. Sie sind nicht der Typ dafür, um etwas in Gang zu setzen sondern lassen die Dinge gerne auf sich zukommen. Bei reaktiven Menschen handelt es sich um passive Menschen. Ihnen ist es wichtig, die Dinge nicht zu überstürzen sondern abzuwarten. Fehler möchten sie nicht machen, daher machen sie lieber gar nichts. Das kann positiv sein, kann aber auch Chancen und Möglichkeiten verbauen.

Es gibt Menschen, die von beidem ein wenig sind und somit durchaus proaktiv als auch reaktiv reagieren können. Das ist natürlich von Vorteil. Diese Menschen haben grundsätzlich ausreichend Kraft und Energie, um ihre Ziele ins Auge zu fassen und diese auch in Angriff zu nehmen. Gleichzeitig haben sie aber auch die Weitsicht, einen Blick auf ihr eigenes Handeln zu werfen und dieses manchmal ein wenig zu zügeln.

Manchmal stellt man vielleicht auch fest, dass gar nichts von diesen Punkten zutrifft. Das ist zwar selten, es gibt aber auch Menschen, die weitestgehend inaktiv sind. Das bedeutet, hier wird nicht einmal unbedingt über etwas nachgedacht. Passieren Dinge, die so nicht erwartet wurden oder einfach nicht zu den eigenen Wünschen passen, dann ist das Ergebnis in diesem Fall Ignoranz. Inaktive Menschen sind jedoch häufig auf sich allein gestellt und wissen das auch. Sie sind eher weniger in der Geschäftswelt und meist auch nicht im eigenen Freundeskreis zu finden. Es sei denn, inaktive Menschen haben gelernt, ihre nicht vorhandene Handlungsfähigkeit zu verbergen.

## Eigenmotivation – ein schwieriges Thema

Die Eigenmotivation wird auch gerne als innerer Schweinehund bezeichnet und ist meist nicht da, wenn man sie braucht. Das ist ganz typisch, kann aber durchaus in Angriff genommen werden. Dafür gibt es die Meta-Programme. Um die Eigenmotivation in Gang zu bekommen, braucht es mal die Peitsche und mal das Zuckerbrot. Idealerweise wird damit begonnen, sich selbst Fragen zu stellen.

Was könnte mich zum Handeln bringen?
In welche Richtung möchte ich gehen?
Stehen Probleme im Weg?
Welches Ziel sehe ich?

Es gibt zwei Möglichkeiten, sich zu motivieren. Die Möglichkeiten heißen „hin zu" und „weg von". Das heißt, man macht sich auf die Suche nach etwas oder versucht, etwas zu vermeiden. Beides kann durchaus als Motivation gesehen werden.

Bei der Suche ist es so, dass man grundsätzlich vor allem das Ziel vor Augen hat. Das gesamte Denken wird davon bestimmt, dieses Ziel erreichen zu wollen. Die Motivation ist da, man ist bereit, etwas zu investieren. Die Prioritäten sind also gesteckt. Die Energie, die Ziele zu erreichen, wird aus der persönlichen Begeisterung für einen Wunsch gezogen. Das Problem hierbei ist nur, dass es eben ein Ziel braucht, das für Begeisterung sorgt. Ist dieses nicht vorhanden, dann kann die Suche auch nicht starten.

Bei der Vermeidung von Dingen geht es darum, sich von unangenehmen Dingen zu lösen. Jeder Mensch hat das Ziel, unangenehme Dinge möglichst aus seinem Leben zu streichen. Das ist ganz normal aber eben auch ein Grund für Motivation. Menschen, die eher vermeiden, lassen sich jedoch schnell aus der Fassung bringen und verlieren ihr Ziel aus den Augen.

Um die Motivation in Angriff zu nehmen, müssen erst einmal die eigenen Werte abgesteckt werden. Auch das geht durch die Beantwortung von Fragen. Diese Fragen können sein:

Was wünsche ich mir?
Was ist mir besonders wichtig?
Welche Wünsche habe ich an meinen neuen Job?

Worauf achte ich beim Kauf von großen Dingen?
Was interessiert mich in Bezug auf andere Menschen?
Was ist mir in meiner Beziehung zum Partner wichtig.

Die Fragen können natürlich an unterschiedliche Lebensbereiche angepasst werden. Die Antworten machen deutlich, ob man dazu neigt zu suchen oder zu vermeiden. Hier kann dann weiter angesetzt werden.

Doch wie kann man nun herausbekommen, ob man eher sucht oder eher vermeidet? Um das herauszufinden bietet es sich an, einen Blick auf die beantworteten Fragen zu werfen. Erfolgt die Motivation über die Suche, dann wird gerne und viel darüber erzählt und berichtet, was für die Zukunft geplant und gewünscht ist. Erfolgt die Motivation dagegen über das Vermeiden, dann wird über die Dinge gesprochen, die nicht gewollt sind und die vermieden werden sollen.

## Interne Werte oder externe Quellen?

Um sich selbst besser kennenzulernen ist es wichtig herauszufinden, wo die eigene Motivation hervorgeholt wird. Hier gibt es die Möglichkeiten, auf interne Werte oder auch auf externe Quellen zuzugreifen. Die Antwort auf die Frage, woher die Motivation bezogen wird, stellt sich vor allem auch deshalb, weil auf diese Weise deutlich wird, wie die Entscheidungen und auch die Werturteile gefällt werden. Beide Muster können im Rahmen der Meta-Programme getestet werden. So lässt sich leichter herausfinden, welches Muster den eigenen Wünschen am besten entspricht und vor allem die beste Effektivität mit sich bringt.

Wer seinen Blick eher auf die internen Werte richtet, der hat einen eigenen Kopf. Die eigenen Beweggründe sind die Grundlage für die eigenen Entscheidungen. Diesen Menschen fällt es schwer, Hinweise und Tipps von anderen Menschen in Anspruch zu nehmen oder Weisungen entgegenzunehmen. Auch Feedback mit einem kritischen Charakter wird eher als negativ gewertet und nicht als gut gemeinter Rat. Zu Problemen kann eine solche Einstellung führen, wenn es um den Beruf aber auch um die Familie geht. Das heißt nicht, dass Menschen mit einem Blick auf die internen Werte Kritik nicht aufnehmen. Sie nehmen sie durchaus auf, hören sich die Vorschläge und Gedanken anderer Menschen an. Die Entscheidung erfolgt aber schließlich dennoch auf Basis der eigenen Werte.

Ganz anders sind Menschen mit einem Blick auf die externen Quellen. Hier steht im Vordergrund, was andere Menschen denken und sagen. Motivation kommt für diese Menschen von anderen Personen. Sie lassen sich von Führungspersonen beeindrucken und haben Probleme, selbst Entscheidungen zu treffen. Feedback ist die wichtigste Grundlage, um eine Entscheidung treffen zu können. Personen mit einem Blick auf die externen Quellen schaffen es meist nicht, selbst mit einer Aufgabe zu beginnen, wenn sie keine klaren Vorgaben haben.

Um herauszufinden, ob man eher zu einem Menschen mit Blick auf die internen Werte oder die externen Quellen gehört, reicht schon eine Frage aus:

Wie stelle ich fest, dass ich das Richtige getan habe?

Um diese Frage zu beantworten sollte man sich in einem ruhigen Moment auf sich selbst besinnen. Es bringt nichts, die Frage so zu beantworten, wie man die Antwort gerne hätte. Wer auf die inneren Werte schaut, der wird bei der Frage den Fokus auf sich selbst legen. Die Antwort kommt aus einem selbst heraus. Sie zeigt, dass man sich selbst mit dem Thema auseinandergesetzt und nicht auf die Meinungen anderer schaut.

Wer auf externe Quellen achtet, der wird auf diese Frage anders antworten. Er wird aufzählen, woher er das eigene Wissen hat, wer ihm geholfen oder Tipps gegeben hat.

Mit dem Wissen, zu welchem Typ man gehört, lassen sich dann die Meta-Programme anwenden, um hier eine Anpassung vorzunehmen. So kann es Internals helfen, ein wenig mehr auf die Außenwelt zu schauen. Externals brauchen mehr Selbstbewusstsein, um auch hinter den eigenen Entscheidungen stehen und diese mit eigenen Ansichten begründen zu können.

Die Meta-Programme sind eine wichtige Grundlage für das NLP. Sie helfen dabei, einen Menschen oder auch sich selbst einschätzen zu können und auf dieser Basis mit der Arbeit zu beginnen.

## Metaphern – Unterstützung für die Kommunikation

Metaphern ist ein Programm, dass im Bereich der Kommunikation schon lange eine große Bedeutung hat. Bereits seit vielen tausend Jahren nutzen Menschen die Kraft der Metaphern, um mit diesen zu arbeiten. Metaphern ist eine Hilfe dabei, Probleme zu lösen und schwierige Situationen bewältigen zu können. Es wird dafür genutzt, eine Problemlösung zu finden und auf eine angemessene Weise reagieren zu können.

Methapern ist ideal als Hilfe für das Unbewusste. Beim Vordringen ins Unbewusste liegt eine Schwierigkeit, mit der sich die Menschen heute auseinandersetzen müssen. Die linke Gehirnhälfte verhindert häufig, dass wichtige Informationen ins Unbewusste vordringen können. Methapern sorgt dafür, dass die linke Gehirnhälfte beschäftigt ist und hier nicht mehr eingreifen kann. Im Coaching ist dies ein beliebtes Programm, das häufig zum Einsatz kommt.

Grundlage für diese Übung ist die aktuelle Problematik. Wer vor einem Problem steht und die Lösung nicht sieht, der braucht eine neue Blickrichtung. Mit Methapern erfolgt eine neue Übersetzung der Problematik, die nun bis in das Unbewusste eindringt und einen neuen Abstand bietet. Die Metapher kann also sozusagen angesehen werden als ein Übersetzer für Informationen, die für das Unbewusste gedacht sind.

## Die Schwierigkeit der Interpretation

Eine Metapher zu finden kann hilfreich sein, ist aber nicht immer ganz einfach. Gerade für den Therapeuten, der mit einem Menschen arbeitet, ist es eine Gratwanderung. Daher handelt es sich hierbei um ein Programm, das vor allem für Fortgeschrittene geeignet ist.

Beim Metaphern ist es wichtig sich immer in das Gedächtnis zu rufen, was eine Metapher für Interpretationen hervorrufen kann und dabei muss in alle Richtungen gedacht werden. Eine bekannte Metapher ist: Den Löffel abgegeben. Nun wird es hier Menschen geben, die einfach zu ihrem Löffel greifen und diesen an die nächste Person weitergeben. Es wird aber auch immer Menschen geben, die diese Metapher mit dem Tod in Verbindung bringen. Daher ist es wichtig, Metaphern richtig vorzutragen. Das funktioniert in fünf Schritten:

1. Der NLPler trägt eine Metapher vor
2. Er versteckt die Absicht – idealerweise wird eine Geschichte von einer völlig fremden Person erzählt.
3. Entscheidung, ob Trance genutzt wird.

4. Rücksicht auf Feedback der anderen Person nehmen.
5. Das Feedback nicht deuten.

## Metapher entwickeln - mit dieser Übung geht es

Auch Metaphern will gelernt sein, daher gibt es hier eine schöne Übung. Diese wird gemeinsam mit einer weiteren Person durchgeführt.

Schritt 1: Person A macht sich auf die Suche nach einem Zustand, der verändert werden soll. Zu diesem Zustand muss ein Zielzustand ausgewählt werden.

Schritt 2: Person B fragt Person A nach dem Ausgangszustand. Für den Zustand sollen nun fünf Metaphern gefunden werden. Dieser Schritt wird mit dem Zielzustand noch einmal wiederholt.

Schritt 3: Person B hat nun die Aufgabe, die Metapher als Grundlage für eine Geschichte zu nutzen. Die Geschichte beginnt mit der Ausgangssituation und führt nach und nach zum Zielvorgang.

Diese Übung kann beliebig oft wiederholt werden.

## Spiral Dynamics oder auch: Das Graves Modell

Bei Personen, die im Bereich des NLP bereits fortgeschritten sind, wird auch das Graves Modell zu einem Thema werden. Es ist auch bekannt geworden unter der Bezeichnung der Spiral Dynamics. Entwickelt wurde das Modell von Clare Graves, der sich mit der Bedürfnispyramide von Maslow nicht identifizieren konnte.

Bereits in den 1930er Jahren des letzten Jahrhundert erfreute sich die Bedürfnispyramide von Maslow großer Beliebtheit. Sie bezog sich auf die ontogenetische Entwicklung der Menschen und gab die Theorie von Maslow wieder. Clare Graves jedoch übte Kritik an dieser Pyramide. Maslow agierte nach der Sichtweise auf einen sich selbst aktualisierenden Menschen. Graves fand diese Sichtweise nicht flexibel genug. Die Grundlagen für die Bedürfnispyramide waren die folgenden Stufen.

1. Stufe als Grundlage: Das Bedürfnis des Menschen nach den physiologisch wesentlichen Dingen.

2. Stufe als Folgebedürfnis: Das Bedürfnis des Menschen nach Sicherheit.
3. Stufe als Folgebedürfnis: Das Bedürfnis des Menschen nach Dazugehörigkeit.
4. Stufe als Folgebedürfnis: Das Bedürfnis des Menschen nach Anerkennung.
5. Stufe als Folgebedürfnis: Das Bedürfnis des Menschen nach Selbstverwirklichung.

Mit jeder Stufe nahm die Intensität der Bedürfnisse ab. Für Graves jedoch stellte der Endpunkt der Pyramide, die Selbstverwirklichung des Menschen, jedoch nicht den Endpunkt der Entwicklung des Menschen dar. Graves selbst vertrat den Gedanken, dass der Mensch sich selbst weiter entwickelt hat und auf diese Weise neue Wertesysteme entstanden sind. Diese hat Graves als Meme bezeichnet. Die Meme können aus Sicht von Graves als Gegenbewegung zu den aktuellen Wertesystemen gesehen werden.

## Das Wertemodell nach Graves

Die Auseinandersetzung mit dem Wertemodell nach Graves stellt eine große Herausforderung für den NLPler dar. Daher wird das Wertemodell auch als einer der Punkte für Fortgeschrittene bezeichnet. Im Prinzip handelt es sich hierbei um ein emergentes, zyklisches Doppelhelix-Modell. Dieses bezieht sich auf das erwachsene, reife biopsychosoziale Verhalten.

Jedes Problem oder jede Herausforderung wird durch ein Wertesystem gelöst, das erst erschafft werden muss. Inzwischen gibt es acht verschiedene Wertesysteme, die als Mechanismen für die Psyche festgelegt werden. Bei einer Veränderung der Situationen passt sich auch das System an. Denn mit der Veränderung der Situation verändern sich auch die Probleme und Herausforderungen, denen sich der Mensch stellen muss. Die Grundlage für das Wertemodell lautet: Das Wertesystem entsteht immer wieder neu, wenn es zu Veränderungen kommt.

## Die zyklische Doppelhelix nach Graves

Nun wird es Zeit, einen Blick auf die zyklische Doppelhelix nach Graves zu werfen, die als eine der Grundlagen des Modells zu sehen ist. Ein Wertesystem braucht nach Graves zwei Punkte, um überhaupt entstehen zu können. Diese Punkte sind einmal das Problem und einmal der Ansatz für die Lösung des Problems. Das System selbst reflektiert das Denken der Menschen, es steht für ihre Werte und die Strukturen ihres Glaubens. Bei einem Wertesystem handelt es sich um ein Schema des Denkens.

Das Modell nach Graves hat einen besonders beeindruckenden Vorhersagewert. Es kann auf die verschiedensten Aspekte des Verhaltens angewandt werden. So kann es beispielsweise bei biologischen aber auch bei soziologischen und psychologischen Verhaltensweisen zum Einsatz kommen. Es kann genutzt werden als Erklärung für das individuelle Verhalten eines Menschen aber auch als Erklärung für komplexe, politische Verbindungen.

Das Doppelhelix-Modell basiert auf acht verschiedenen Ebenen:

1. Das Überleben steht im Vordergrund
2. Die Person opfert sich für die Menschen auf, die sie liebt
3. Der Egoismus steht im Vordergrund
4. Man opfert sich auf für eine spätere Belohnung, wie den Himmel
5. Die eigenen Interessen stehen im Vordergrund und dürfen nicht miteinander in Konflikt geraten
6. Es wird sich für andere geopfert
7. Der momentane Selbstausdruck steht im Vordergrund
8. Das Selbst opfert sich, um das Leben fortführen zu können

Die einzelnen Ebenen des Modells sind als Lösung für verschiedene Probleme zu sehen. Die Ebenen lassen sich besonders gut aufteilen in den aktuellen Zustand der Welt und die Reaktionen der Menschen auf diesen Zustand.

Ebene 1 ist der Naturzustand
Hier hat der Mensch keine Sicherheit und keinen Schutz. Er muss sich so orientieren, dass er überleben kann. Die Ebene ist vergleichbar mit dem Leben der Tiere.

Ebene 2 ist das Leben im Stamm

Die Menschen leben zusammen und schützen sich gegenseitig vor den Naturgewalten. Auch hier geht es um das Überleben, es geht dabei aber um den Stamm oder die Geister, die im Vordergrund stehen.

Ebene 3 ist die Ebene der Einzelgänger
Bei dieser Ebene ist der Zustand in der Welt so, dass nur die starken Menschen überlegen können. Daher kämpft der Mensch hier darum, im Mittelpunt zu stehen und denkt dabei ausschließlich an sich.

Die Ebene 4 ist der Fortschritt
Mit der Entwicklung des Faustrechst sind auch Regeln entstanden, an die sich die Menschen halten müssen. Daher achten sie die Autorität und folgen ihr.

Die Ebene 5 steht für den Kapitalismus
In der Welt stehen nun alle Möglichkeiten offen. Der Fortschritt steht im Vordergrund. Der Mensch macht sich selbstständig, er prüft verschiedene Möglichkeiten und versucht, Erfolg zu haben.

Die Ebene 6 steht für die Beziehungen
Es entstehen Gemeinschaften, die zusammen an dem neuen Wachstum der Welt teilhaben,

es teilen und das Gefühl von Gemeinsamkeit aufkommen lassen.

Die Ebene 7 steht für die Grenzerfahrungen
Es ist ein Wohlstand ausgebrochen und die Menschen haben neue Hoffnungen und Gedanken, die sie genießen. Bestehende Probleme werden schnell und effizient gelöst.

Die Ebene 8 steht für die transpersonale Lebensweise
In dieser Lebensweise wird die Welt als Lebewesen wahrgenommen. Sie steht kurz davor, die Menschen, die auf ihr Leben, zu zerstören. Jeder Mensch macht sich auf die Suche nach der Ordnung, um auf diese Weise dem Chaos zu entkommen.

## Spiral Dynamics als Erweiterung

Die genannten Ebenen stellen die Basis für das Modell nach Graves dar. Hierbei handelt es sich um das Modell, das durch Graves selbst entwickelt wurde. Im Laufe der Jahre haben seine Schüler das Modell jedoch erweitert und dafür gesorgt, dass Spiral Dynamics entsteht. Hierbei handelt es sich um eine Darstellung der kulturellen Entwicklung auf Basis der Form einer Spirale. Die Spirale stellt die Entwicklung der Menschen als einen fließenden Vorgang dar. Die Ebenen gehen ineinander über und verschmelzen miteinander.

## Das Zusammenspiel von NLP und dem Graves-Modell

Das Modell an sich ist natürlich besonders interessant aber inwieweit hängt es eigentlich überhaupt mit NLP zusammen? Diese Frage stellt sich natürlich und um eine Antwort zu finden, geht es ein Stück in die Vergangenheit.

NLP ist ebenfalls als eine Meme zu sehen und hat sich im Laufe der Zeit durchaus nach dem Modell selbst weiter entwickelt. NLP selbst ist seit dem Anfang der 1970er Jahre im Kommen und hat begonnen mit der vierten Stufe des Modells. Hier geht es darum, Ordnung zu schaffen. Diese Ordnung wurde abgelöst durch die nächsten Stufen. Große Angebote an Seminaren trafen zusammen mit dem Gefühl der Gemeinschaft.

Es lässt sich also sagen, dass die Entwicklung der Menschen selbst in der Entwicklung von NLP ebenfalls zu finden ist. Das Graves Modell wird heute noch gerne im NLP selbst eingesetzt. Allerdings vorzugsweise von Menschen, die sich auf einer tiefen Ebene mit NLP beschäftigen und bereit sind, in die tiefen Sphären vorzudringen. Doch wie kann das Wertemodell eingesetzt werden?

1. Konflikte in Unternehmen klären
   Konflikte sind in Unternehmen keine
   Seltenheit, denn hier treffen Menschen
   aufeinander, die an verschiedenen
   Wertesystemen festhalten. Diese
   Menschen versuchen sich gegenseitig
   von ihrer Meinung zu überzeugen.
   Während die Mitarbeiter der
   Personalabteilung vor allem das Wohl
   der Mitarbeiter des Unternehmens im
   Auge haben, sieht sich das Management
   selbst ganz vorne. Es kommt zu
   Konflikten, die gelöst werden müssen.
   Ziel ist es, die höheren Stufen des
   Graves Modells zu erreichen und so die
   Konflikte auf einer neuen Ebene zu
   lösen.

2. Probleme auf Basis der Wertesysteme
   lösen
   Wenn ein Problem besteht, dann kann
   dieses nur mit Lösungsansätzen in
   Angriff genommen werden, die auch
   zum eigenen Wertesystem passen.
   Daher ist es beim NLP wichtig
   herauszufinden, auf welcher Stufe des
   Wertesystems sich ein Mensch befindet
   und ihn weiter nach vorne zu bringen.

Auf diese Weise wird die Sichtweise auf ein Problem verändert.

Bei der Anwendung des Wertemodells nach Graves im NLP geht es darum, sich in andere Menschen hineinzuversetzen und herauszufinden, auf welcher Stufe des Modells sie stehen. Das Ziel ist es, alle Menschen auf eine Stufe zu bringen und zwar auf die Stufe, die für das Verständnis füreinander und die Zusammenarbeit steht.

## Das Modelling beim NLP

Bei Modelling handelt es sich um eine der Urdisziplinen beim NLP. Es gibt einige Disziplinen, die bereits seit den Anfängen des NLP praktiziert werden. Dazu gehört auch das Modelling.

In Deutschland ist es auch einfach unter dem Begriff „Modellieren" bekannt geworden. Diese Disziplin kann auf viele verschiedene Arten durchgeführt werden. Unterschieden wird im Groben zwischen dem unbewussten und dem informellen Modellieren. Es gibt aber auch komplexe Strategien, die immer wieder gerne eingesetzt werden. Interessant ist, dass bereits Kinder das Modellieren sehr gut beherrschen. Allerdings auf eine unbewusste Weise, denn sie lernen dadurch, eben dass sie Modellieren. Das Nachahmen ist die Wirkungsweise, die das Modellieren von Kindern so effektiv macht und ihnen hilft, sich mit den gesellschaftlichen Vorgaben zu arrangieren.

Beim NLP geht es jedoch um durchaus größere und komplexere Funktionen und Fertigkeiten, die hier eingesetzt werden. Besonders häufig wird das Modellieren in

Form der Erinnerung angewandt. Mit dem Erinnern oder dem erneuten Erleben einer bestimmten Erfahrung kann im NLP sehr gut gearbeitet werden. Ebenso ist es beim Modellieren, wenn es darum geht, eine Aufgabe durchzuführen. Die Aufgabe kann aber nur dann in Anspruch genommen werden, wenn die Person eine bestimmte Fähigkeit hat, mit der Übung eine Strategie einhergeht oder auch ein Problemzustand ausgelöst werden kann.

## Wofür ist das Modelling gut

Wer darüber nachdenkt, das Modellieren in die eigene Arbeit mit NLP zu integrieren, der möchte natürlich erst einmal wissen, wofür es überhaupt genutzt werden kann. Es gibt mehrere Punkte, bei denen das Modelling zum Einsatz kommen kann:

1. Leistungsverbesserung: Die Leistungsverbesserung ist einer der Punkte, der besonders häufig von Personen gewünscht wird, die sich mit NLP auseinandersetzen. Die persönliche Leistung ist für den Menschen etwas, an dem er sich orientiert. Mit Modelling ist es möglich, eine Leistung dauerhaft zu wiederholen und zwar so lange, bis die gewünschte Verbesserung eingetroffen ist.

2. Meta-Kognition verbessern: Mit Modelling ist es möglich, Themen besser zu verstehen und nachzuvollziehen und diese dann vielleicht sogar selbst weiter zu verbreiten.

3. Inhalte übertragen: Manche Inhalte lassen sich gut auf andere Bereiche übertragen und können hier von Nutzen

sein. Mit dem Modelling fällt es leicht, die Inhalte zu übertragen.

4. Ergebnisse erreichen: Wer sich Ziele setzt, der möchte diese auch erreichen. Mit dem Modelling ist es möglich, gegen Krankheiten oder Phobien vorzugehen oder auch andere, fern scheinende, Ziele zu erreichen.

Um mit dem Modelling arbeiten zu können ist es gut, die drei Perspektiven zu kennen.

Perspektive 1: Hierbei handelt es sich um die eigene Perspektive. Beim NLP bedeutet das, dass der NLPler Dinge selbst probiert um zu erkennen, wie es von anderen Menschen gesehen und gehört oder gefühlt wird.

Perspektive 2: Hierbei handelt es sich um die Position des anderen Menschen. Es geht bei dieser Perspektive darum, sich in einen anderen Menschen zu versetzen und eine Handlung so durchzuführen, wie es eine andere Person tut.

Perspektive 3: Die dritte Perspektive ermöglicht es, ein unbeteiligter Beobachter zu sein. An diesem Punkt ist es wichtig, zurückzutreten und eine Situation aus einer ganz neuen Perspektive zu betrachten. Das persönliche Urteil spielt hierbei keine Rolle. Es geht darum, etwas nur mit den Sinnen wahrzunehmen.

## Die Unterschiede zwischen implizitem und explizitem Modelling

Fertigkeiten zu beherrschen ist eine wichtige Arbeit beim Modelling. Beim impliziten und expliziten Modelling geht es darum, ein gekonntes Auftreten zu üben. Dieses basiert auf dem Bewusstsein aber auch auf der Kompetenz. Hier kommen die Handlung und das Wissen zusammen und müssen auch zusammengebracht werden. Es gibt zwei Möglichkeiten in Bezug auf Aktivitäten in diesem Zusammenhang. So ist es möglich, eine Aktivität zu kennen und auch zu verstehen, wie diese durchgeführt wird. Wenn man jedoch nicht fähig ist, diese kompetent durchzuführen, dann wird dies als bewusste Inkompetenz bezeichnet. Dazu gibt es noch die unbewusste Kompetenz. Hierbei handelt es sich um eine Aktivität, die man eigentlich kann, aber sich nicht über dieses Können bewusst ist. Wenn man eine Fertigkeit richtig beherrscht, in ihr Meister ist, dann weiß man was man tut und tut auch das, was man weiß.

Es ist möglich, Kompetenzen zu modellieren und zwar implizit oder auch explizit. Beim impliziten Modeling geht es darum, in eine Position zu einer Person zu gehen, der mit dem Modelling geholfen werden soll. Es ist wichtig herauszubekommen, welche subjektiven Erlebnisse und Erfahrungen diese Person durchlebt. Beim expliziten Modelling geht man in die dritte Person und bekommt so heraus, wie ein Rollenvorbild auf andere Menschen übertragen werden kann.

## Die klassischen Grundphasen vom Modelling im NLP

Um beim NLP mit dem Modelling arbeiten zu können, braucht es das Wissen über die Grundphasen. Die Grundphasen sind ausgerichtet auf den Weg, der vom impliziten zum expliziten Modelling führt.

Bevor es an die Phasen geht, braucht es erst einmal die Vorbereitung. Bei der Vorbereitung geht es darum, eine Person zu wählen, deren Fähigkeiten mit dem Modelling bearbeitet werden sollten. Zudem muss in der Vorbereitung folgendes festgelegt werden:

1. Es braucht einen Kontext, in dem das Modelling stattfinden kann
2. Es braucht einen Zugang zur Person, an der das Modelling durchgeführt werden soll
3. Es braucht eine Definition der Beziehung, die man zur Person, mit der das Modelling durchgeführt werden soll, haben möchte
4. Es braucht eine Definition des eigenen Zustandes, den man beim Modelling erreichen möchten

Vor der Behandlung über das Modelling ist es zudem notwendig, möglicherweise wichtige Anker zu setzen, damit das Projekt ganz in Ruhe in Anspruch genommen werden kann.

## Die 1. Phase: Der unbewusste Einstieg in das Modelling

In der ersten Phase ist es notwendig, die Person in den Prozess des Modellings einzuführen. Dabei muss die Person direkt mit einem Beispiel der gewünschten Fertigkeit involviert werden. Der Beginn des Modellings erfolgt über die zweite Position. Mit dieser Position soll es geschafft werden, ein erstes Gefühl für das Modelling zu erhalten. Spezielle Muster werden hier bei der Person noch nicht gesucht. In der ersten Phase steht die Identifizierung mit dem Modelling im Vordergrund.

Hinweis: Nicht immer bedeutet das Spiegeln, die Aktionen der Person direkt zu spiegeln. Es kann bereits ausreichen, kleine Muskelbewegungen wiederzugeben, denn nicht immer das offensichtliche Verhalten eine Variante, um in die Tiefe zu blicken. Es sind die verborgenen Handlungen, die meist der Person selbst gar nicht so bewusst sind, die einen Blick in die Tiefe selbst gewähren.

Bei der ersten Phase handelt es sich damit um den unbewussten Einstieg. Der ausführende Part sollte versuchen, hier noch keine bewusste Wahrnehmung des Modells in Angriff zu nehmen. Wer hier bereits damit beginnt, Filter aufzubauen, der kann Probleme damit bekommen, alle relevanten Informationen zu erfassen. Phase Eins ist generell ein Zustand, in dem noch nichts bekannt ist. Auf diese Weise ist es möglich, völlig unvoreingenommen an das Modelling heranzugehen.

In dieser Phase ist das gewünschte Ergebnis ein intuitives Gefühl für die zweite Person sowie für sich selbst zu entwickeln.

## Die 2. Phase: Der Prozess der Subtraktion

Im zweiten Schritt muss sortiert werden. Das bedeutet, es geht darum herauszufinden, welche Verhaltensweisen der Person wirklich wichtig für das Modelling sind und welche Verhaltensweisen aussortiert werden können. Nun werden modellierte Strategien beim Namen genannt. Auf diese Weise werden das eigene Verhalten sowie das Verhalten der anderen Person modelliert. Das eigene Verhalten dient dabei als Bezugspunkt zur zweiten Person. Es ist hier also wichtig eine Fertigkeit zu entwickeln, mit der man sich selbst so verhalten kann als ob man die Person wäre, die modelliert werden soll.

Das Ziel in dieser Phase ist es, die kognitiven Verhaltensschritte genau zu definieren und damit die gewünschten Ergebnisse erzielen zu können. In diesem Bereich passiert es, dass systematische Teile der verschiedenen Verhaltensweisen weggelassen werden. Auf diese Weise lässt sich feststellen, welche Teile wirklich notwendig sind.

Alle weggelassen Reaktionen, die bei der weiteren Vorgehensweise keinen Unterschied machen, können gänzlich ignoriert werden.

Wird jedoch festgestellt, dass etwas Weggelassenes doch einen Unterschied macht, dann ist ein wichtiger Punkt erreicht. Dieser Punkt macht deutlich, welches Verhalten für das Modell wichtig ist. Hierbei handelt es sich um den Subtraktions-Prozess. Ziel dieses Prozesses ist es, alle modellierten Schritte so gut es geht zu reduzieren. So wird das Wesentliche vom Unwesentlichen getrennt.

Nach Abschluss von Phase 2 steht dann das sogenannte Minimalmodell fertig vor der ausführenden Person. Die Fähigkeiten des Modells sollten an sich selbst ausprobiert werden. Zudem ist es nun möglich, sich komplett in die Lage der anderen Person zu versetzen. Auch die Sichtweise aus der dritten Position heraus ist nun vorhanden.

### Die 3. Phase: Die Phase des Entwurfs

Die dritte Phase ist auch zeitgleich die letzte Phase des Prozesses und ist dafür da, um ein Verfahren zu entwickeln, das es ermöglicht, auch anderen Personen Fertigkeiten zu vermitteln. Die Fertigkeiten beziehen sich natürlich auf die Handlung, die in diesem Prozess fokussiert wurde. Die Informationen aus dem gesamten Prozess müssen daher nun synthetisiert werden.

Bei dem Entwurf ist es wichtig daran zu denken, dass unterschiedliche Personen auch immer unterschiedliche Ausgangszustände aufweisen. Das Modell muss sich somit flexibel zeigen. Das Verfahren kann sich auf diese Weise an die Person, der geholfen werden soll, besser anpassen.

Das Wichtige beim Modelling ist es, sich in die Person, der geholfen werden soll, hineinzuversetzen und auf diese Weise dafür zu sorgen, dass der Prozess an die Geschwindigkeit der Person angepasst werden kann.

## Merkmale im Modelling-Prozess ermitteln

Es gibt einige besonders wichtige Merkmale beim Modelling-Prozess im NLP, die beachtet werden müssen. Hier wird unterschieden zwischen den folgenden Merkmalen:

1. **Die Physiologie einer Person**
   Die Haltung und auch der Körperbau können, ebenso wie die Gesten und Mimik einer Person, deren Augenbewegungen und die Stimmlage, eine Hilfe beim Modelling sein. Daher muss auf diese Merkmale besonders geachtet werden.

2. **Die Meta-Muster einer Person**
   Wie agiert die Person, die modelliert werden soll, im Zusammenspiel mit anderen Personen? Die Muster sowohl in der Kommunikation als auch in den Beziehungen zu anderen Menschen können durchaus Aufschluss über das Verhalten einer Person geben. Diese Meta-Muster sind für den Modelling-Prozess also besonders wichtig.

3. **Die kognitiven Strategien**
   Werden einige kognitive Sequenzen oder Repräsentationssysteme bei einer Person bevorzugt? Auch das kann

Aufschluss darüber geben, wie beim Modelling-Prozess am besten vorgegangen werden kann.

4. **Das Glaubens- und Wertesystem**
   Der NLPler sollte alle Regeln und Einstellungen, Werte und Annahmen der Person, die modelliert werden soll, beobachten. So ist es möglich, eine erste Übersicht über die Vorannahmen zu bekommen und mit Hilfe dieser dann das passende Modelling zu finden.

Doch warum ist es so wichtig, die Merkmale zu erstellen? Beim Modelling gibt es verschiedene Möglichkeiten, Fähigkeiten zu verstärken und auszuarbeiten. Wer mit dem Modelling im NLP arbeiten möchte, der muss das richtige Projekt anhand der Merkmale zusammenstellen. Die folgenden Modelling-Projekte lassen sich auf verschiedene Merkmale zuschneiden:

1. Einfach verhaltensspezifisch arbeiten: Besondere physische Hinweise und Aktionen sorgen hier für Unterstützung.
2. Einfach kognitiv arbeiten: Hier sind Submodalitäten und Repräsentationssysteme im Vordergrund.

3. Einfach linguistisch arbeiten: Hier stehen Meta-Modell-Muster sowie Prädikate mit im Vordergrund.
4. Komplex verhaltensspezifisch arbeiten: Hier werden Wahrnehmungspositionen und S.C.O.R.E.-Unterscheidungen genutzt.
5. Komplex kognitiv arbeiten: In diesem Fall werden Meta-Programm-Muster, logische Ebenen sowie S.O.A.R.-Unterscheidungen genutzt.
6. Komplex linguistisch arbeiten: hier kommen Sleight of Mouth-Muster zum Einsatz.

## Was bedeutet Sleight of mouth?

Wir alle wissen, welche Kraft die Worte mit sich bringen können. Worte können dafür sorgen, dass sich manchmal ganze Einstellungen verändern. Sie können dafür sorgen, dass ein Mensch sein Verhalten oder auch seine Denkweise ändert. Das richtige Wort dann ausgewählt, wenn es wirklich passt, kann daher durchaus für Veränderungen sorgen. Ebenso ist es aber auch mit dem falschen Wort. Im NLP gibt es eine Handlung, die als Sleight of Mouth bezeichnet wird. Dieses Muster beschäftigt sich mit Worten.

Bei diesem Muster steht das „Sleight" für „schlau oder auch geschickt". Diesem Muster wird eine ganz besondere Magie nachgesagt – nämlich die Magie der Worte. Richtig eingesetzt kann das Muster zu deutlichen Veränderungen bei einem Menschen führen, die sich auch nachhaltig abzeichnen. So wird das Muster gerne verwendet, um einen Gesprächspartner dabei zu helfen, seine bestehenden Vorannahmen noch einmal aus einem neuen Blickwinkel zu betrachten. So sollen gänzlich neue Perspektiven entstehen, die dafür sorgen, dass ein Mensch bereit ist, seinen Blickwinkel noch einmal zu überprüfen.

Das Muster setzt sich aus 14 verschiedenen Arten des sogenannten verbalen Reframings zusammen. Diese Arten können dabei helfen, Generalisierungen aufzubrechen und dafür zu sorgen, dass es hier zu Veränderungen kommt. So soll Sleigt of Mouth dazu genutzt werden, um:

- bestehende Wahrnehmungen zu überdenken und vielleicht in eine neue Richtung zu lenken
- unterschiedliche Perspektiven wahrzunehmen und diese nicht nur zu erkennen sondern auch zu würdigen
- die Wirklichkeit objektiv neu beurteilen zu können
- die eigenen Gedanken und Überzeugungen zu aktualisieren
- Erwartungen vielleicht noch einmal zu überdenken
- den Einfluss, den innere Zustände auf das Denken haben können, zu erkennen
- unausgesprochene Unterstellungen zu erkennen und ihnen entgegen zu wirken

Interessant ist in diesem Rahmen ein Blick auf einschlägig bestehende Überzeugungen, die das Leben und die eigenen Gefühle nachhaltig negativ beeinflussen können. So gehen viele Menschen davon aus, dass Krankheiten wie Krebs und Aids unweigerlich zum Tode führen müssen. Wenn der Arzt den Menschen nun mit einer solchen Diagnose konfrontiert, dann beginnen sich Gedanken zu manifestieren, die einem möglichen Heilungsprozess oder einem lebensverlängernden Prozess im Wege stehen können. Das Sleight of Mouth Muster im NLP soll dabei helfen, die eigenen Gedanken und Einstellungen zu hinterfragen und zu erkennen, dass es hier möglicherweise noch ganz andere Optionen gibt.

Ein weiterer Punkt sind fest stehende Überzeugungen, beispielsweise in Bezug auf Erziehung beim Kind oder auch im Berufsleben. Wie oft wird festgestellt, dass die eigene Überzeugung vielleicht gar nicht unbedingt korrekt sein muss? Allerdings fällt es dann schwer, sich das einzugestehen. Es werden Möglichkeiten gesucht, wie diese Überzeugung doch wieder als richtig angesehen werden kann. Dabei fällt es jedoch schwer, die Überzeugung so weit zu

überdenken, dass sie vielleicht sogar
verändert werden kann.

Zwischenmenschliche Beziehungen werden
auf diese Weise ebenfalls oft blockiert. Für den
ersten Eindruck gibt es keine zweite Chance?
Hierbei handelt es sich um eine Aussage, die
von vielen Menschen für voll genommen
wird. Wer jedoch einmal damit beginnt
nachzudenken, ob man vielleicht selbst schon
einmal die Möglichkeit hatte, eine zweite
Chance zu bekommen und einen ersten
Eindruck revidieren zu können, der wird
feststellen, dass dies durchaus schon
vorgekommen ist. Die zweite Chance ist
nämlich häufig eine Möglichkeit, eine
Situation zu verbessern. Um dies zu erkennen
braucht es jedoch manchmal einen Anstoß
von einer anderen Seite. Auch hier kann
Sleight of Mouth zum Einsatz kommen.

## Was ist das Ziel?

Es gibt bei Sleight of Mouth verschiedene Ziele, die in Anspruch genommen werden. So geht es darum, über sich selbst eine ganz neue Macht und auch Kontrolle zu entwickeln, die die eigene Einstellung verändern kann. Wer NLP durchführt, der möchte zudem dafür sorgen, dass Menschen eine ethisch vertretbare Einstellung haben oder diese bekommen. Auch hier kann das Muster durchaus eine große Hilfe sein.

Falsche Hoffnungen sind ein Punkt, der kontrovers diskutiert werden kann. Sie können natürlich für Kraft und Energie sorgen. Gleichzeitig ist es aber auch so, dass falsche Hoffnungen auch stark belasten können. Mit diesem Muster ist es möglich, diese falschen Hoffnungen auf sanfte Weise zu nehmen und den Blick für andere Möglichkeiten zu öffnen.

Realistisch sein und sich Dinge eingestehen zu können ist eine Fähigkeit, die man sich erarbeiten kann. Dafür wird jedoch meist die richtige Anleitung gebraucht, die sich nicht immer selbst erarbeiten lässt. NLP bietet mit dem Muster Sleight of Mouth eine

Möglichkeit es in Angriff zu nehmen, realistischer zu denken und Probleme anders anzugehen.

## Die Absicht herausfinden

Alles, was der Mensch tut, ist mit einer bestimmten Absicht versehen. Darüber muss man sich nicht unbedingt bewusst sein. Es gibt durchaus auch unbewusste Absichten, die der Antrieb für eine Handlung oder für ein Denken sein können. Bei Sleight of Mouth geht es nun darum, diese Absicht herauszufinden. Es ist durchaus möglich, dass die Person mit der Frage nach der Absicht erst einmal darüber nachdenken muss. Daher wird nun die Frage gestellt:

*Welche Absicht oder auch welcher Zweck liegt einer Überzeugung zugrunde?*

Wichtig ist es, dass die Frage als positiv zu sehen ist. Es geht hier nicht darum, negative Absichten zu formulieren. Stattdessen geht es darum, einem Zweck oder auch einer Überzeugung eine positive Sicht zu geben. So gibt es mehrere Möglichkeiten, die bezweckt werden können:

a) Entwicklung von Macht und Kontrolle: Die eigene Sicherheit kann ein Grund dafür sein, dass man sich Sorgen macht und die Absicht hegt, Kontrolle oder Macht zu entwickeln.

b) Wunsch nach ethisch einwandfreiem Verhalten: Eine weitere Absicht kann es sein, Menschen dazu zu bewegen, sich ethisch korrekt zu verhalten.

c) Hoffnung im Keim ersticken: Bei dieser Absicht handelt es sich auf den ersten Blick nicht unbedingt um eine positive Absicht. Wer jedoch erkennt, dass Hoffnung in manchen Fällen auch Trauer nach sich ziehen kann, der wird feststellen, dass diese Absicht durchaus positiv sein kann.

d) Ehrlichkeit entwickeln: Sich selbst gegenüber ehrliche Aussagen zu entwickeln ist eine große Herausforderung. Gerade die Ehrlichkeit zur eigenen Person ist eher schwierig aber immer ein Schritt in die richtige Richtung.

e) Realistisch sein: Ebenso wichtig wie die Ehrlichkeit ist der Realismus. Es fällt schwer, sich Dinge einzugestehen und die Momentaufnahmen realistisch zu sehen. Gerade dann, wenn ein Wunsch sich nicht zu erfüllen scheint und man sich dies noch nicht eingestehen möchte, kann Sleight of Mouth helfen.

## Umdefinieren mit Hilfe von Sleight of Mouth

Sleight of Mouth dient dazu, positive Gedanken zu erschaffen. Dies kann durch das Umdefinieren funktionieren. Umdefinieren bedeutet nichts anderes, als einem Verhalten oder einer Ansicht eine andere Bedeutung zu geben. Für die Nutzung dieser Möglichkeit wird ebenfalls eine Frage gestellt. Die Frage lautet:

*Wie kann eine Überzeugungsaussage eine positive Implikation bekommen?*

a) Ich bin in Gefahr -> Ich werde alles tun, um nicht in Gefahr zu geraten.
b) Ich nehme die Herausforderung an und lerne, mit Mut und Weisheit diese zum Positiven zu wenden.
c) Krebs bringt mir den Tod -> Ich werde mein Immunsystem stärken um gegen den Krebs geschützt zu sein.
d) Ich halte an der Beziehung fest -> Loslassen ist schwer, kann aber auch viele Vorteile mit sich bringen.
e) Überzeugung wird zu „vertrauten Grenzen", Angst wird zu „Herausforderung"

Es ist erst einmal eine Herausforderung, aus einem scheinbaren Problem eine positive Formulierung zu machen. Das bedeutet aber nicht, dass dies nicht möglich ist. In diesem Fall stellt Sleight of Mouth eine Möglichkeit dar, die positive Sicht zu verbessern. Nach und nach wird die positive Sichtweise in die Gedanken übergehen und irgendwann werden negative Gefühle ohne nachzudenken direkt in positive Gedanken umgewandelt.

## Die Konsequenz erkennen

Eine weitere Herausforderung ist das Muster für die Erkennung der Konsequenz. Hier soll das Ziel sein, einer Person, die eine Aussage getätigt hat, die Konsequenz einer solchen Aussage bewusst zu machen. Mehr Menschen als man denkt sind sich der Konsequenz ihrer Aussagen nicht bewusst. Eine Aussage, die eine negative Implizierung hat, wird als eine solche vielleicht gar nicht erkannt. Mit diesem Muster ist es möglich, eine Konsequenz erkennbar zu machen. Auch bei diesem Muster ist eine Frage die Grundlage für den Erfolg:

*Welche positive Wirkung oder Konsequenz kann eine Überzeugung haben?*

Mit der Beantwortung dieser Frage soll der Sprecher feststellen, welche möglichen Konsequenzen entstehen können:

a) Gefährliche Situationen werden erkannt – wer in der Lage ist, durch Aussagen geschaffene, gefährliche Situationen zu erkennen, der kann besser reagieren und wird weniger schnell verletzt.

b) Negative Überzeugungen tendieren dazu, sich zu erfüllen. Der Grund hierfür ist darin zu suchen, dass ein Mensch, der eine negative Überzeugung hat, nicht nach einem positiven Ausweg sucht. Stattdessen wartet er direkt darauf, dass sich die negative Überzeugung erfüllt.

c) Wer die Erwartung in sich trägt, dass eine Herausforderung kompliziert sein kann, der wird schnell erkennen, dass dies durchaus seine positiven Seiten hat. Ist die Herausforderung dann doch nicht so schwer, geht sie leichter von der Hand. Hohe Erwartungen sind also durchaus positiv zu sehen.

d) Sorgen sollten zugelassen werden – viele Menschen neigen dazu, ihre Sorgen nicht anzuerkennen und sich daher unbewusst mit ihnen herumzuschlagen. Doch erst dann, wenn man seine Sorgen auch zulässt, können sie besser von einem selbst abfallen. So steigt die Konzentration auf das Wesentliche.

Konsequenzen erkennen ist eine durchaus große Herausforderung, auf die sich nicht immer vorbereitet werden kann. Gerade das ist jedoch das Ziel bei Sleight of Mouth. Es geht darum, mit Hilfe von NLP manchmal auch direkt kalt erwischt zu werden. Wer sich seiner Konsequenzen nicht bewusst ist, der kann sich auch nicht darauf vorbereiten, diese zu erkennen. Er muss der Erkennung der Konsequenzen unbefangen gegenüber stehen.

## Chunking down mit Hilfe von Sleight of Mouth

Beim Chunking down geht es vor alle darum, klare Unterscheidungen und Differenzierungen zu erkennen. Die Elemente sollen mit Hilfe von Sleight of Mouth eingeengt werden. Wie bei den anderen Mustern steht auch hier eine Frage im Vordergrund:

*Welche Chunks werden mit der Aussage einer Überzeugung dargestellt und sind dabei besonders facettenreich und positiv?*

Die Chunks sollten dabei immer im Gegensatz zu dem grundsätzlichen Glaubenssatz stehen.

a) Eine seelische Verletzung kann lange nachwirken. Daher ist es wichtig, im ersten Schritt zu erkennen, ob die Gefahr dieser Verletzung gebannt ist oder die Gefahr noch immer vorhanden ist.

b) Gefahr wird oft dadurch formuliert, dass man davon ausgeht, jemand möchte einen selbst schädigen. Wie soll dies passieren? Hat die schädigende Person bereits eine Idee für die

Schädigung? Hier geht es darum herauszufinden, wieso man selbst ein solches Bild von einer bestimmten Person hat.

c) Zurückdenken – es kann helfen, zu dem Moment zurück zu gehen, wo man begonnen hat, eine Überzeugung zu bilden. Oft fällt es viel leichter, von einer Überzeugung abzulassen, die sich gerade erst frisch gebildet hat. Mit dieser kleinen Übung ist es möglich, schneller loslassen zu können.

d) Überzeugung langsam ändern – wer denkt, eine Überzeugung lässt sich nur im Ganzen ändern, der täuscht sich. Es ist auch möglich, eine Überzeugung nach und nach zu ändern, was als deutlich einfacher angesehen wird.

## Chunking up mit Hilfe von Sleight of Mouth

Auch das Chunking up ist ein Muster, das im professionellen Bereich von NLP gerne zum Einsatz kommt. Dieses Muster dient dazu, eine besonders hohe Stufe der Verallgemeinerung zu erreichen und damit die Aussage zu ergänzen, die getroffen wird. Die Frage, die für dieses Muster notwendig ist, lautet:

*Welche höheren Elemente können durch eine Überzeugung dargestellt werden?*

a) Die Intensität der Gefühle – hinter jeder Überzeugung stecken auch ganz besonders tiefe Gefühle. Diese Gefühle können für eine höhere Stufe sorgen. Hier sollte sich selbst gefragt werden, welche Gefühle die Überzeugung mit sich bringt oder auch ausgelöst haben kann.

b) Unannehmlichkeiten werden zu lebensbedrohlichen Risiken – je größer uns die Gefahr erscheint, desto mehr wachsen wir über uns hinaus. Wer sich in Gefahr begibt, der kommt darin nicht unbedingt um sondern kann aus ihr noch stärker hervorgehen.

c) In die Zukunft blicken – wie gerne würde der Mensch in die Zukunft blicken können. Dennoch kann eine Überzeugung auch eine besondere Form des Wissens darstellen, denn wer fest an seine Überzeugungen glaubt, der kann auf diese Weise zu Teilen auch die Zukunft beeinflussen. So kann ein starker Glaube dazu führen, dass sich die Überzeugung auch erfüllt.

d) Den Zyklus erkennen – Überzeugung ist Veränderung und Veränderungen orientieren sich an einem Zyklus. Irgendwann sind sie erreicht und durchgeführt und finden ihr Ende. Die Frage ist, wann die Überzeugung zu ihrem Ende gelangt ist.

## Die Analogie bei Sleight of Mouth

Die Analogie bei Sleight of Mouth wird auch gerne als Metapher erklärt, ist aber nicht mit dem Metaphern zu verwechseln. Hier geht es darum, mit Hilfe der Analogie einen Sachverhalt noch verständlicher erscheinen zu lassen.

*Der Person wird eine Frage gestellt, die zu unterschiedlichen Ergebnissen führen kann:*

Welche Metapher können Sie zu Ihrer Überzeugung finden, die diese ähnelt aber etwas anderes impliziert?

Die Frage ist durchaus als eine Herausforderung zu sehen, die es zu bewältigen gilt. Tatsächlich ist es so, dass die Person sich nun mit ihrer Überzeugung weiter auseinandersetzen muss. Das kann zu folgenden Ergebnissen führen:

a) Zwischenmenschliche Beziehungen: Mit Hilfe dieses Musters lassen sich zwischenmenschliche Beziehungen aus einem ganz anderen Blickwinkel sehen. Es fällt leichter, mit diesen arbeiten zu können, sich auf sie einzulassen und nicht wütend zu werden sondern uns den Herausforderungen zu stellen. Als Vergleich bietet es sich an, Auto fahren zu lernen: Wer sich noch daran erinnern kann der wird feststellen, dass er immer wieder von vorne versucht hat, das Auto richtig zu führen, bis er es schließlich konnte.

b) Die eigenen Absichten zu hinterfragen ist wie eine Safari, auf der man sich in Gefahr begibt. Wer auf einer Safari einen Löwen sieht, der muss darüber nachdenken, wie er nun vorgeht. Wie kann die Aufmerksamkeit des Löwen so auf sich selbst gezogen werden, dass man sich aus der Situation noch befreien kann? Genau so geht es auch mit den Absichten. Man muss sie so lenken, dass man sich mit ihnen auseinandersetzen kann und zwar so, wie es einem selbst passt.

c) Wie kann eine Überzeugung noch gesehen werden? Sie kann als ein altes, bestehendes Gesetz gesehen werden. Wenn genug Menschen darum kämpfen, dass dieses alte Gesetz neu geschrieben wird, dann kann dies tatsächlich passieren. Wenn man bereit ist dafür zu kämpfen, seine

Überzeugung positiv anzupassen, dann kann dies ebenfalls passieren.

## Veränderung mit Sleight of Mouth

Was ist notwendig, um eine Überzeugung so zu verändern, dass sie als positiv gesehen wir? Diese Frage stellen sich wohl viele Menschen und mit Sleight of Mouth ist es möglich, eine Antwort zu finden:

a) Der Umgang mit Leid: Vor allem das eigene Leid liegt dem Menschen am Herzen. Doch wie sieht es mit dem Leid der anderen Menschen aus? Was muss passieren, damit man sich hier mit Mitgefühl aber auch mit Weisheit den Menschen zuwendet, die es brauchen?

b) Schattenmomente akzeptieren: Ein Moment, der uns heute wie ein großes dunkles Loch erscheint, wird auf dem Weg unseres Lebens letztendlich doch nur ein Stolperstein sein. Wer sich dies immer wieder bewusst macht, der wird mit den Schattenmomenten ganz anders umgehen können.

c) In die Zukunft blicken – wie wird man zu der Überzeugung stehen, wenn einige Jahre vergangen sind? Trägt man diese dann noch immer in sich oder hat die Zeit auch Veränderungen mitgebracht, die diese Überzeugung sich haben wandeln lassen?

d) Auf andere Menschen blicken – wer trägt noch diese Überzeugung in sich? Mit wem habe ich darüber schon gesprochen oder wer hat diese vielleicht sogar verändert?

In Bezug auf die eigene Überzeugung kann es immer gut sein, seinen Horizont zu öffnen und auch in eine andere Richtung zu schauen. Die meisten Überzeugungen werden von mehreren Menschen in sich getragen. Der Mensch neigt dazu, sich Menschen zu suchen, die einer ähnlichen Überzeugung wie er selbst sind. Doch wie sieht es nach ein paar Wochen aus? Wie sieht es aus, wenn man sich noch einmal unterhält? Sind die Überzeugungen gleich geblieben? Haben sie sich gewandelt?

Der Mensch neigt dazu, sich seiner Umwelt anzupassen und diese auch zu reflektieren. Er ist durchaus in der Lage, seine Überzeugungen alleine durch den Einfluss von anderen Menschen anzupassen. Aber wäre es nicht viel besser, die Überzeugung anzupassen, weil man selbst zu einem Ergebnis gekommen ist? Warum also nicht darüber nachdenken, wie sich die eigene

Rahmengröße verändern lässt und welche Vorteile es hat, seine Überzeugung anzupassen? Mit Sleight of Mouth geht es Schritt für Schritt in die richtige Richtung und das Ziel ist es, der eigenen Überzeugung positive Aspekte zu verleihen oder diese vielleicht sogar ganz hinter sich zu lassen.

## Andere Ergebnisse erhalten

Interessant wird es mit Sleight of Mouth auch dann, wenn es darum geht, andere Ergebnisse zu erzielen. Bei dieser Übung oder auch bei diesem Muster geht es darum herauszufinden, zu was für einem Ergebnis der Glaubenssatz noch führen könnte, wenn das bestehende Ergebnis hier außen vor gelassen wird. Dafür gibt es wieder verschiedene Ansätze, die in Anspruch genommen werden können:

1. Wer sich beispielsweise von einem Menschen verletzt fühlt, der sollte sich die Frage stellen, ob das Ergebnis einen Glaubensgrundsatzes nicht eher sein sollte, sich selbst so zu festigen, um nicht mehr verletzt zu werden. Wer stattdessen den Grundsatz formuliert, dass dieser Mensch eine mit Absicht schaden wollte, der weist die eigene Handlung zurück. Stattdessen ist jedoch ein Umdenken gefragt, das hier hervorragend helfen kann.

2. Es geht nicht darum, welche Absicht ein Mensch tatsächlich hat. Es sollte immer darum gehen, was notwendig ist, damit ein Mensch seine Absicht auch auf die Dauer ändern kann. Dabei steht immer

im Vordergrund, dass es sich um eine positive Absicht handeln sollte.

3. Es geht nicht darum, was alles ein Auslöser für den Tod sein kann. Es sollte immer darum gehen, welche Möglichkeiten es gibt, dass das eigene Leben noch lebenswerter gemacht werden kann. Hier geht es wieder auf den Grundsatz zurück, im Hier und im Jetzt zu leben, nicht in die Vergangenheit aber auch nicht in die Zukunft zu schauen.

4. Die Überzeugung muss gar nicht grundlegend verändert sondern vielmehr immer wieder an die aktuell bestehende Situation angepasst werden.

5. Die aktuelle Situation ist die Grundlage dafür, wie sich eine Überzeugung anpassen lässt, damit alles im Einklang ist.

## Ein anderes Modell der Welt erkennen

Die Welt hat das Modell, als das wir selbst die Welt sehen. Hier ist die Erkenntnis des Menschen darauf beschränkt, was er erkennen kann. Daher kann es teilweise durchaus von Vorteil sein, einen Blick auf die Möglichkeiten zu werfen, die ein anderes Modell der Welt mit sich bringen könnte. Gerade dieses Muster kann ganz interessante, neue Wege eröffnen, die sich bewusst gemacht werden sollten. Welches andere Modell der bestehenden Welt wäre also notwendig, damit ein Glaubenssatz aus einer ganz anderen Richtung betrachtet werden kann?

1. Wissenschaftliche Erkenntnisse sind hier durchaus ein Ansatzpunkt. Nicht immer ist eine Absicht damit zu erklären, dass ein Mensch tatsächlich sich selbst diese Absicht zusammengestellt hat. Stattdessen kann es durchaus von Vorteil sein zu erkennen, dass ein Verhalten auch biologische Grundlagen haben kann, die beispielsweise mit den Hormonen zusammenhängen.
2. Es gibt viele Menschen auf der Welt, die jeden Tag immer wieder aufs Neue mit Problemen konfrontiert werden.

Rassismus, Krieg, Armut, Hunger – die Möglichkeiten auf der Welt sind leider vielseitig. Es kann helfen sich vorzustellen, wie diese betroffenen Personen wohl denken würden, wenn sie sich mit dem Problem oder dem Glaubenssatz befassen müssten, der uns beschäftigt. Wie würden sie dieses Problem sehen, im Kopf natürlich immer die anderen Schwierigkeiten, denen sie ausgeliefert sind.

3. Die Grundlage für die Länge des Lebens ist nicht immer in der Absicht oder der persönlichen Einstellung zu suchen. Es lohnt sich, sich bewusst zu machen, dass es mehrere Faktoren gibt. Wie wäre meine Einstellung, wenn ich weniger Stress hätte, die Ernährung anpasse oder vielleicht auch eine körperliche Einschränkung durch medizinische Hilfen in den Griff zu bekommen wäre?

4. Die Grenzen sind oft der Grund, warum wir nicht in der Lage sind, über uns hinaus zu wachsen. Hier kann es bereits eine große Hilfe sein zu erkennen, woraus sich die Grenzen bedingen. Tatsächlich sind sie nichts anderes als die persönlichen Überzeugungen. Wer seine Überzeugungen also überdenkt,

der wird auch feststellen, dass die eigenen Grenzen eingerissen werden können.

5. Inspiration finden – die Inspiration ist eine hervorragende Möglichkeit, um gegen die eigene Krise ankämpfen zu können. Es ist immer wichtig, diese eher als Inspiration und nicht als wirkliche Krise zu sehen.

## Die Realitätsstrategie beim Sleight of Mouth

Der Wahrnehmungsprozess ist die Grundlage für die eigenen Aussagen oder Absichten. Mit diesem Muster geht es darum, den Wahrnehmungsprozess zu hinterfragen. Interessant ist die Frage, die diesem Muster zu Grunde liegt:

Welche Wahrnehmung war notwendig, damit die bestehende Überzeugung aufgebaut werden konnte? Wie muss die Welt wahrgenommen werden, damit die Überzeugung auch wirklich als wahr gesehen wird?

Die Ergebnisse können natürlich variieren. Dennoch ist es von Vorteil, hier ein Stück weit zu hinterfragen:

1. Der Betroffene sollte an die erlebten Verletzungen zurückdenken. Wie werden diese empfunden? Wird an jede einzeln gedacht oder werden alle zusammengefasst? Wie werden diese empfunden? Wird der Blick aus einer entfernten Perspektive auf die Verletzungen gerichtet? Oder steht man wieder mitten drin?

2. Was vermittelt eine größere Gefahr? Ereignisse, die in der Vergangenheit liegen oder Ereignisse, die in der Zukunft eintreten könnten?
3. Wie repräsentieren sich Gefahren? Werden sie als etwas lebendiges angesehen oder vielleicht doch eher als etwas, das man selbst in den Griff bekommen kann?
4. Wie kann man davon ausgehen, dass eine Überzeugung wirklich schon lange besteht? Ist es vielleicht möglich, dass sich diese gerade erst manifestiert hat?
5. Was macht es so schwierig, die Veränderung der Überzeugung in Angriff zu nehmen und diese auch durchzusetzen?

Die eigene Wahrnehmung wird oft gar nicht als solche empfunden. Den Menschen fällt es schwer, hier hinter die eigenen Mauern zu dringen und so feststellen zu können, was eine solche Wahrnehmung verändern könnte oder wie sich diese auf Überzeugungen und Absichten auswirken kann.

## Das Gegenbeispiel erkennen

Gegenbeispiele sind etwas, das dazu führen kann, dass ein Glauben erschüttert wird. Daher sind sie natürlich nicht gern gesehen, können aber dennoch eine durchaus beeindruckende Wirkung auf eine bestehende Absicht haben. So ist es Möglichkeit, das Modell der eigenen Welt mit einem Gegenbeispiel erweitern zu können. So ist es beim NLP eine gute Methode, Gegenbeispiele zu erbringen, die der Sprecher selbst vorher durch die Erzählung seiner Ansichten oder seiner Geschichten erbracht hat. Die Frage, mit der bei diesem Muster gearbeitet wird, ist interessant. So sollte dem Sprecher folgender Satz als Grundlage für die Arbeit gegeben werden:

*„Welches der Beispiele, die Sie genannt haben, kann als Ausnahme zu Ihren Ansichten gesehen werden?"*

1. Auf alle Möglichkeiten gefasst sein – grundsätzlich ist es immer von Vorteil, auf alles gefasst zu sein. Das bedeutet jedoch nicht, dass man immer mit den negativen Dingen rechnen muss. Grundsätzlich sollte man jedoch

erkennen, dass die größte Gefahr von noch nicht geschehenen Dingen ausgeht, die man also nicht einschätzen kann.

2. Kein Mensch ist ohne Gefahr – wir sehen die Gefahr immer von Menschen auf uns zukommen, die uns schon einmal verletzt oder in Gefahr gebracht haben. Tatsächlich ist dies jedoch nicht ganz richtig. Es ist nicht so, dass Menschen, denen wir vertrauen und die wir gut kennen oder auch eben nicht kennen, keine Gefahr darstellen können. Tatsächlich sind sie durchaus eine Gefahr, wenn auch eine unbewusste.

3. Krankheiten sind häufig eine Grundlage für Glaubenssätze. Der Krebs ist hierfür das beste Beispiel. Viele Menschen denken, dass der Krebs unweigerlich zum Tode führen wird. Tatsächlich gibt es viele positive Gegenbeispiele, die hier gebracht werden können. So gibt es viele Menschen, die nachweislich vom Krebs geheilt werden konnten. Viele Menschen sind auch nicht durch den Krebs, sondern mit dem Krebs gestorben.

4. Überzeugungen verändern – es scheint, als ließen sich Überzeugungen nicht ändern? Wie soll man auch eine

Überzeugung, hinter der man fest steht, verändern? Diese Frage stellen sich wohl viele Menschen. Das Gegenbeispiel hierfür sind jedoch dagegen Menschen, die durchaus in der Lage waren, ihre Überzeugungen zu ändern. Dafür mussten sie jedoch gewisse Erfahrungen machen. Diese Erfahrungen müssen aber erst einmal gemacht werden. Daher kann ein Gegenbeispiel auch durchaus eine Erfahrung sein, die gemacht wird.

5. Geistige Prozesse erkennen – wer bereit ist, einen Blick auf die geistigen Prozesse zu werfen, der wird schnell feststellen, dass diese sich im Laufe der Zeit wandeln und vor allem verzerrt werden. Das ist ein ganz normaler Lauf der Dinge, der sich meist auch nicht aufhalten lässt. Warum sollen es die Überzeugungen sein, bei denen dies anders ist? Auch diese können sich durchaus verzerren, aber auch verblassen.

## Die Kriterienhierarchie bei Sleight of Mouth

Bei der Überzeugung ist die Richtung ganz besonders wichtig. In welche Richtung gehen die Gedanken in Bezug auf die Überzeugung? Bei Sleight of Mouth geht es darum, die Überzeugung in eine andere Richtung zu lenken. Dies kann beispielsweise so durchgeführt werden, dass andere Kriterien gefunden werden. Dafür muss die Person darauf aufmerksam gemacht werden, dass es noch viele Kriterien gibt, die bisher nicht gefunden sind. Diese Kriterien müssen jedoch gefunden werden. Der Glaubenssatz oder die Überzeugung sind hier die Grundlage. Zu dieser Überzeugung werden Kriterien gesucht, die bisher noch nicht bedacht wurden. Mögliche Ergebnisse können sein:

1. Die eigenen Ressourcen erkennen – die persönlichen Ressourcen sind ganz besonders wichtig wenn es darum geht, ein Ziel zu erreichen. Oft genug wird jedoch vergessen, dass diese vorhanden sind. Daher sollten sie durchaus als Kriterium mit aufgegriffen werden.
2. Verletzungen akzeptieren – der Mensch neigt dazu, Verletzungen aus dem Weg zu gehen. Das ist durchaus eine Taktik,

diese kann aber nicht funktionieren, denn irgendwann wird es zu Verletzungen kommen. Besser ist es, sich den eigenen Ängsten zu stellen und diese zu erkennen und anzuerkennen. Wer sich der Angst stellt, der kann deutlich besser mit ihr umgehen und wird schwerer zu verletzen sein.

3. Der Sinn des Lebens – es scheint wie eine abgedroschene Floskel, doch der Sinn des Lebens ist eben das, was er ist. Wer sich über den Sinn seines Lebens bewusst wird, der kann sein Leben auch mehr genießen. Sicher ist es so, dass wir früher oder später gehen müssen. Man sollte sich jedoch keine Gedanken darüber machen, wann es soweit ist. Besser ist es, sich Gedanken darüber zu machen, was der Sinn des Lebens sein könnte und diesen möglichst weitestgehend zu erfüllen.

4. Integrität erreichen – es ist ein Ziel, das jeder gerne erreichen möchte und viele Menschen vielleicht auch schon erreicht haben. Die persönliche Integrität sollte als eines der obersten Ziele angesehen werden und der Weg dahin als Möglichkeit, daran zu wachsen.

5. Sich selbst treu bleiben – die eigenen Visionen sorgen dafür, dass wir ein Ziel im Leben haben und dieses auch in Angriff nehmen. Daher sollten die eigenen Überzeugungen auch immer konform mit diesen Visionen gehen und dafür sorgen, dass der Mensch seinen Visionen besonders nahe kommt. Hier kann es durchaus auch notwendig sein, bestehende Überzeugungen zu überdenken.

## Apply to self mit Sleight of Mouth durchführen

Hier geht es darum, die eigene Aussage oder den eigenen Glaubenssatz an sich selbst anzuwenden und ihn aus dieser Sichtweise ganz neu zu betrachten. Was erst einmal nicht unbedingt so einfach klingt, ist es aber doch. Wichtig ist zu erkennen, dass der eigene Glaubenssatz möglicherweise ebenfalls verletzen kann. Nicht nur man selbst möchte nicht verletzt werden. Es kommt auch darauf an, selbst nicht zu verletzen. Zu welchen Ergebnissen kann es also führen, wenn wir unseren Glaubenssatz selbst auf uns anwenden? Hier gibt es natürlich mehrere Szenarien, die zur Verfügung stehen.

1. Die wohl wichtigste Erkenntnis ist es zu erkennen, inwieweit die eigenen Absichten eigentlich wirklich positiv sind. Man selbst ist geneigt dazu, sich nichts Schlechtes zuzutrauen. Grundsätzlich ist dies durchaus eine gute Eigenschaft, die jedoch nicht immer korrekt ist. Bei dem Muster „Apply to self" kann es daher durchaus passieren, dass sich die eine oder andere Erkenntnis zeigt. Wie positiv ist meine

Ansicht wirklich? Bin ich wirklich sicher, dass meine Gedanken ausschließlich positiver Natur sind? Die Erkenntnis kann natürlich Angst machen. Vielleicht entschuldigen wir ja unsere negativen Ansichten einem Menschen gegenüber damit, dass auch dieser Mensch uns etwas Schlechtes will. Frei nach dem Grundsatz „Gleiches mit Gleichem" kann es durchaus als Entschuldigung dienen – sollte es aber nicht. Denn man selbst ist nicht besser, wenn man ähnlich denkt wie der Mensch, den man dafür vielleicht verachtet.

2. Auch Erinnerungen können negative Gedanken und schlechte Gefühle sowie Verletzungen herbeiführen. Nicht nur aus dem Hier und Jetzt drohen uns Gefahren, verletzt zu werden. Auch die Vergangenheit kann Spuren hinterlassen, die dafür sorgen, dass unsere Glaubenssätze so sind, wie sie sind. Daher kann es helfen, sich selbst mit seinem Glaubenssatz zu konfrontieren und auf diese Weise festzustellen, inwieweit dieser aus vergangenen Verletzungen resultiert

und möglicherweise sogar Menschen aus der Gegenwart Unrecht tut.

3. Wie wäre es, wenn der eigene Glaubenssatz nicht mehr bestehen würde. Gerade Glaubenssätze, die uns unglücklich machen, können wie eine Krankheit sein. Es ist schwer, von ihnen abzulassen, sie hinter sich zu lassen und dafür zu sorgen, dass sie nicht mehr verletzen können. Es ist wie bei einer schweren Erkrankung. Während diese uns im Griff hat, können wir uns nicht vorstellen, sie loszulassen. Um die Krankheit zu bekämpfen ist es jedoch wichtig, dieser auch den Kampf anzusagen und bereits zu sein, sie loszulassen. Ebenso ist es mit eingesessenen Glaubenssätzen, die sich immer wieder den Weg an die Oberfläche erarbeiten. Es kann manchmal schon ausreichen einfach zu beobachten, inwieweit sich das Leben möglicherweise ändern könnte, wenn sich auch der Glaubenssatz ändert.

Was ist das Ziel dieses Musters? Das Ziel ist es, einen neuen Blickwinkel auf die eigenen Glaubenssätze zu finden. Es ist nicht leicht, die eigene Überzeugung von außen zu betrachten oder diese auf sich selbst anzuwenden. Oft ist es keine Seltenheit, dass die Menschen, die mit sich selbst konfrontiert werden, erst einmal Ausreden suchen, wenn sie sich selbst mit ihren eigenen Glaubenssätzen konfrontieren. Das sollte jedoch nicht direkt als Ausreden suchen angesehen werden, sondern eher als ein Prozess. Nur die Wenigsten werden, wenn sie dieses Muster anwenden, direkt umdenken. Stattdessen ist es so, dass ein Prozess beginnen muss. Dieser Prozess bedingt sich auch aus der Dauer, an der schon an einem Glaubenssatz festgehalten wird.

## Ankern – fortgeschrittene Techniken in Anspruch nehmen

Beim NLP für Fortgeschrittene darf natürlich auch das Ankern nicht fehlen. Grundsätzlich handelt es sich hierbei um eine Anwendung, die bereits zu den Grundausbildungen beim NLP gehört. Das heißt aber nicht, dass es hier nicht auch Techniken für Fortgeschrittene gibt, die durchaus interessant zu betrachten sind. Eine dieser Techniken ist das Stapeln von Ankern, welches auch unter dem Begriff „stacking anchors" bekannt geworden ist. Diese Technik wird dann verwendet, wenn es darum geht, in einer bestimmten Situation mehrere Fähigkeiten abrufen zu können. Interessant dürfte das beispielsweise für Führungskräfte sein. Diese werden immer wieder stark gefordert und brauchen gleich mehrere Eigenschaften, um auf diese Forderungen eingehen zu können. Präsenz und Selbstvertrauen gehören ebenso dazu wie Überzeugungskraft. Es wäre anstrengend, alle diese Eigenschaften über mehrere Anker abrufen zu müssen. Einfacher ist es, auf einen gestapelten Anker zurückzugreifen.

Das Stapeln von Ankern ist gar nicht so schwer, wie es zu sein scheint. Tatsächlich ist es vor allem wichtig, sich zu konzentrieren und alle Ressourcen, die benötigt werden, nacheinander auf einen Anker zu setzen. Dabei ist es egal, ob dies visuell oder auch akustisch geschieht. Wichtig ist es, nicht gestört zu werden.

## Anker entfernen – einfache Techniken für Fortgeschrittene

Beim Ankern kommt es in erster Linie natürlich darauf an, Anker zu setzen. Dies ist ein Punkt, der früh gelehrt wird, denn die Anker sind die Grundlage für viele weitere Techniken, die bei NLP wichtig sind. Aber wie sieht es eigentlich aus, wenn ein Anker nicht mehr gebraucht wird oder möglicherweise sogar schädlich ist? Niemand weiß vorher, wie gut ein Anker wirklich aufgenommen wird. Auch wenn wir denken, dass uns eine gewisse Ressource gut tut und uns diese als Anker wünschen, dann muss das nicht zwangsweise auch zum gewünschten Ergebnis führen. Aber was ist, wenn das Ergebnis unglücklich macht? Wie kann man sich von einem Anker wieder lösen? Dies wird als „collapsing anchor" bezeichnet und wird vor allem von erfahrenen NLPlern durchgeführt. Bei dieser Übung geht es darum, einen Anker in sich zusammenfallen zu lassen, so dass er nicht mehr angerufen werden kann. So kompliziert es klingt, es ist eigentlich relativ einfach aber vielleicht nicht ganz so, wie man es erwarten würde. Es sind insgesamt sechs Schritte notwendig, um einen Anker in sich zusammenfallen zu lassen.

Wichtig ist bei dieser Übung ausreichend Ruhe. Idealerweise wird ein Ort aufgesucht, der ruhig ist und an dem man nicht gestört wird. Dann kann es losgehen:

1. Man sucht sich den Anker aus, der aufgelöst werden soll. Wichtig: Der Anker sollte wirklich genau definiert werden und man muss sich sicher sein, dass man ihn auch wirklich lösen möchte. Es bringt nichts, halbherzig an die Sache heran zu gehen und nicht mit dem Herzen dabei zu sein. Wer sich jedoch sicher ist und den Anker ausmachen kann, der gelöst werden soll, der kann beginnen.

2. Zusätzlich zu diesem Anker wird ein weiterer Anker ausgewählt. Dieser sollte stärker sein und mit einem sehr positiven Zustand in Verbindung gebracht werden. Idealerweise wird der stärkste Anker herausgesucht, der einem schon oft geholfen hat. Der Anker sollte an einer anderen Stelle sitzen.

3. Nun wird der negative Anker ausgelöst und es wird gewartet, bis sich das Gefühl eingestellt hat. Das ist eine durchaus unangenehme Seite dieser Übung, die jedoch notwendig ist. Vor

allem dann, wenn einen der Anker stark belastet, kann es schwer werden, hier ruhig zu bleiben. Wer sich sehr unsicher ist, der kann sich auch Unterstützung von einer Person holen, die das persönliche Vertrauen genießt. Ist der erste Anker ausgelöst, wird nun der positive Anker ausgelöst.

4. Nun wird abgewartet, was passiert. Dies können ganz unterschiedliche Ergebnisse sein.

5. Im nächsten Schritt ist es wichtig, die Anker immer wieder im Wechsel auszulösen und die Zeiten zwischen dem Wechsel zu verkürzen. Das Ziel ist es, irgendwann beide Anker gleichzeitig auszulösen.

6. Nun wird wieder gewartet was passiert.

Ziel dieser Übung ist, dass der starke, positive Anker den negativen Anker auflöst. Das kann eine ganz unterschiedliche Zeitdauer in Anspruch nehmen. Es kann durchaus helfen, erst mit der Auflösung von einem Anker zu beginnen, der einen selbst nicht so stark bewegt. So fällt es leichter, sich auf das Experiment einzulassen und dann auch einen Anker in Angriff nehmen zu können, der stark negativ belastet ist.

Wichtig: Das Lösen eines Ankers ist durchaus eine große Herausforderung. Die Herausforderung liegt dabei vor allem darin, sich selbst noch einmal mit dem Anker zu konfrontieren, der einen selbst vielleicht stark belastet. Gerade daher ist diese Übung vor allem für Fortgeschrittene geeignet, die gut mit dieser Belastung umgehen können.

### Das Wichtigste zum Schluss

Ist NLP kompliziert? Manchmal scheint es so zu sein, die vielen unterschiedlichen Begriffe können schon etwas verwirren.

Doch im Grunde sind diese ganzen Techniken nur Hilfsmittel, und mit etwas Übung auch einfach anzuwenden.

Die Essenz des NLP ist dagegen ganz einfach, sie lautet aus meiner Sicht:

"Jeder Mensch erschafft sich sein eigenes Modell der Welt, seine eigene Wirklichkeit, seine eigene Realität."

Das bedeutet natürlich, so etwas wie eine allgemein gültige Realität existiert nicht. Das ist keineswegs beängstigend, sondern eröffnet tolle Möglichkeiten.

Sie selbst sind verantwortlich für Ihre Situation, und Sie haben jederzeit die Macht, diese im gewünschten Sinne zu verändern. Die Werkzeuge des NLP sind eine gute Hilfe dabei.

Ich denke, das sind doch gute Aussichten, und ein Grund zur Freude und zur Dankbarkeit.

## Bonuskapitel: Auflösen von Energieblockaden

Zuerst die Entscheidung treffen, die Situation zu verändern. Ganz wichtig: Diese Entscheidung schriftlich festhalten, mit Ort, Datum und Unterschrift.

Dann das Problem benennen, bitte auch wieder schriftlich. Was lähmt Sie? Was hält Sie davon ab, Ihre Ziele zu verwirklichen?

Anschließend den Ist-Zustand erfassen. Ganz neutral, ohne Wertung, soll die momentane Situation beschrieben werden, ohne etwas zu beschönigen. Sie haben er schon geahnt: Natürlich aufschreiben, je ausführlicher, desto besser. Lassen Sie sich dazu so viel Zeit wie nötig.

Übernehmen Sie die Verantwortung für die Situation. Machen Sie nicht die äußeren Umstände dafür verantwortlich. Wenn Sie die Macht hatten, diesen Zustand zu erschaffen, dann können Sie ihn jetzt auch verändern!

Jetzt ist der Soll-Zustand dran: Beschreiben Sie den Idealzustand, den Sie erreichen wollen, so ausführlich wie möglich. Sie selbst sind die Hauptperson. Schreiben Sie so, als wenn der Zustand schon erreicht ist. (Dies wird von einigen Experten anders gesehen. Ich denke allerdings, dass dadurch ein gewisser "Spannungszustand" entsteht, der Blockaden lösen kann und Sie dadurch ins handeln kommen.)

Als nächstes eine Liste erstellen mit konkreten Handlungsschritten.
Abschließend verpflichten Sie sich, die Schritte umzusetzen. Setzen Sie dazu einen realistischen Zeitrahmen, natürlich wieder schriftlich. Ich betone das deshalb immer wieder, weil genau dieser Punkt den entscheidenden Unterschied ausmachen kann.

(Diese Liste stammt aus meinem Buch "**Energieblockaden auflösen**".)

Ich hoffe, Sie konnten dem Text einige nützliche Anregungen entnehmen und wünsche Ihnen viel Erfolg!

**Praxistipps NLP**

**Impressum**

Geschäftsanschrift Herausgeber:

Uwe Klein

Holderäckerstraße 8
70499 Stuttgart

mail@marketing-tipps24.info

## DISCLAIMER

Die Inhalte dieses Buches wurden mit größter Sorgfalt erstellt. Für die Richtigkeit, Vollständigkeit und Aktualität der Inhalte können wir jedoch keine Gewähr übernehmen.
Dieses Buch enthält Links zu externen Webseiten Dritter, auf deren Inhalte wir keinen Einfluss haben. Deshalb können wir für diese fremden Inhalte auch keine Gewähr übernehmen. Für die Inhalte der verlinkten Seiten ist stets der jeweilige Anbieter oder Betreiber der Seiten verantwortlich.
Die verlinkten Seiten wurden zum Zeitpunkt der Verlinkung auf mögliche Rechtsverstöße überprüft. Rechtswidrige Inhalte waren zum Zeitpunkt der Verlinkung nicht erkennbar. Eine permanente inhaltliche Kontrolle der verlinkten Seiten ist jedoch ohne konkrete Anhaltspunkte einer Rechtsverletzung nicht zumutbar. Bei Bekanntwerden von Rechtsverletzungen werden wir derartige Links umgehend entfernen.

www.ingramcontent.com/pod-product-compliance
Lightning Source LLC
Chambersburg PA
CBHW020533290526
45786CB00002B/858